Ohm

Endlich frei von Angst und Panik

mit Progressiver Relaxation

Der Autor

Dr. phil. Dietmar Ohm (*1951), Dipl.-Psychologe, arbeitet in eigener Praxis in Lübeck und ist als Dozent und Supervisor beim Institut für Psychotherapie und Psychosomatik der Ärztekammer Schleswig-Holstein tätig. Seine Tätigkeitsfelder umfassen neben Psychotherapie (u.a. bei Angststörungen) und psychologischer Schmerzbewältigung auch Entspannungsverfahren und Gesundheitspsychologie. Dr. Ohm ist seit 1995 Vorsitzender der Psychologischen Fachgruppe Entspannungsverfahren (Autogenes Training · Progressive Relaxation · Hypnose · Biofeedback) im Berufsverband Deutscher Psychologinnen und Psychologen.

Dank

Ich möchte meiner Ehefrau und Kollegin Frau Dipl.-Psychologin Claudia China an dieser Stelle meinen herzlichen Dank aussprechen, da dieses Buch ohne ihre Ermutigungen und ohne ihr Verständnis kaum zustande gekommen wäre. In vielen Gesprächen hat sie mich durch konstruktive Hinweise und Verbesserungsvorschläge sehr unterstützt.

Bedanken möchte ich mich auch bei »meiner« Lektorin Frau Sibylle Duelli, die die Erstellung des Buches durch ihre kompetente, unkomplizierte und humorvolle Art sehr gefördert hat und die Zusammenarbeit zu einer Freude werden ließ.

Dipl.-Psych. Dr. Dietmar Ohm

Endlich frei von Angst und Panik

mit Progressiver Relaxation

- Wie Sie belastende Situationen und negative Gedanken hinter sich lassen

Mit Audio-CD

TRIAS

Leserservice:

Wenn Sie Fragen oder Anregungen zu diesem Buch haben, schreiben Sie uns an:
TRIAS Verlag
Postfach 30 05 04
70445 Stuttgart
Oder besuchen Sie uns im Internet unter www.trias-gesundheit.de

Programmplanung:
Sibylle Duelli

Lektorat: Sibylle Duelli

Umschlaggestaltung:
Cyclus · Visuelle Kommunikation, Stuttgart

Umschlag vorn: Corbis SM
hinten: Getty

Abbildungen im Text:
Abb. 1–4: V. Constantinescu, Bukarest
Abb. 5–15: Claudia Arend, Berlin

Bibliografische Information
Der Deutschen Bibliothek
Die Deutsche Bibliothek verzeichnet diese Publikation in der Deutschen Nationalbibliografie; detaillierte bibliografische Daten sind im Internet über http://dnd.ddb.de abrufbar.

Gedruckt auf chlorfrei gebleichtem Papier

Oswald-Hesse-Straße 50
70469 Stuttgart
Printed in Germany
Satz: Fotosatz H. Buck, Kumhausen
Druck: Gutmann, Talheim

ISBN 3-8304-3092-2 1 2 3 4 5 6

Zu diesem Buch

Millionen Menschen in Deutschland leiden unter Angststörungen. Diese belasten, je länger sie andauern, immer mehr Lebensbereiche und führen in aller Regel zu massiven psychischen Problemen und erheblicher Einschränkung der Lebensqualität. Die Betroffenen entwickeln Gefühle der Hilflosigkeit und Niedergeschlagenheit, die sich bis zur Verzweiflung steigern können. Der Verlust der Freiheit, zu tun und zu lassen, was man möchte, ist eine einschneidende Konsequenz des Angstsyndroms. Dies kann so weit gehen, dass Erkrankte sich nicht mehr trauen, ihre Wohnung zu verlassen. Oft geraten sie zudem in Abhängigkeit von engen Bezugspersonen, woraus sich schwer wiegende zwischenmenschliche Konflikte ergeben können. Angehörige erleben das angstvolle Verhalten häufig als Anklammerungsversuch, der zu einer Belastung werden kann.

Da die Symptome meist als quälend erlebt werden und Erkrankte sich immer weniger zutrauen, kann die Arbeitsfähigkeit stark eingeschränkt sein. Um unrealistische Ängste erfolgreich abbauen zu können, sind Informationen über die unterschiedlichen Formen der Erkrankung von großer Bedeutung. Kompetente Aufklärung kann in aller Regel schon ein Stück weit entängstigend wirken. Deshalb erfahren Sie in diesem Buch Wissenswertes über den aktuellen wissenschaftlichen Kenntnisstand. Anhand von Fallbeispielen werden Entstehungsbedingungen, Symptomatik und Therapiemöglichkeiten der unterschiedlichen Angststörungen erläutert.

Im Mittelpunkt dieses Ratgebers steht eine neu konzipierte Behandlungsform – die Progressive Angstbewältigung. Sie basiert auf dem bewährten Entspannungsverfahren der Progressiven Relaxation. Ausführliche Übungsanleitungen helfen Ihnen, das Entspannungstraining selbstständig zu praktizieren. Darüber hinaus erfahren Sie, wie Sie die Körperwahrnehmung verbessern können und lernen mentale Entspannungsverfahren kennen. Die Progressive Angstbewältigung unterstützt Sie darin, unrealistische Denkmuster, die Ängste erzeugen oder verstärken, zu erkennen – ein erster wichtiger Schritt, um diese abzubauen. Mit Hilfe von »Anti-Angst-Gedanken« lernen Sie, den unrealistischen Gedanken und Ängsten entgegen zu treten.

Moderne Therapiemethoden setzen auf die Konfrontation mit den unrealistischen Ängsten und den entsprechenden auslösenden Situationen. Dementsprechend werden Erläuterungen und Anleitungen zu Konfrontationsübungen gegeben. Hierbei geht es zum einen um ein mentales Training, wobei die Konfrontation zunächst in der Vorstellung erfolgen kann. Dann wird die Konfrontation in der Realität gesucht, um unrealistische Ängste überwinden zu lernen.

Dem Buch ist eine CD beigefügt, auf der sich Anleitungen für die verschiedenen Übungen finden. Damit wird eine konkrete Hilfe zur Selbsthilfe angeboten.

Der Versuch, sich mit Hilfe des Buches und der Übungen auf der CD von Ängsten zu befreien, ist vor allem bei beginnenden und leichteren Formen der Angst zu empfehlen. Bei langjährig bestehenden Ängsten reicht in aller Regel ein Selbsthilfeversuch nicht aus. In diesem Fall ist es angebracht, geeignete psychotherapeutische Unterstützung zu suchen. Beim Angstsyndrom haben sich vor allem verhaltenstherapeutische Verfahren bewährt. Es kommen daher in erster Linie psychologische und ärztliche PsychotherapeutInnen mit der Ausrichtung Verhaltenstherapie in Betracht. Adressen und Telefonnummern finden Sie beispielsweise in den »Gelben Seiten«. Häufig ist dort bereits die Therapierichtung (meist Tiefenpsychologie oder Verhaltenstherapie) angegeben. Andernfalls sollte nach der Therapierichtung gefragt werden. Viele Krankenkassen stellen auf Anfrage Listen der örtlichen VerhaltenstherapeutInnen zur Verfügung.

Buch und CD eignen sich gleichfalls zur Begleitung einer laufenden Verhaltenstherapie. Durch die umfangreichen Informationen und die Übungsangebote kann die Therapie deutlich intensiviert und abgekürzt werden.

Angst: Was ist das eigentlich?

Beispiel 1: Ein Autofahrer ist auf einer kurvigen Landstraße unterwegs. Er ist spät dran und befürchtet, einen wichtigen Termin zu versäumen. Ausgerechnet jetzt fährt ein langsamer Lastwagen vor ihm. Er möchte das »Verkehrshindernis« gern überholen. Bei seinem Überholversuch an einer unübersichtlichen Stelle bekommt er plötzlich Angst und bricht das begonnene Manöver ab. Nur Bruchteile von Sekunden später sieht er in kurzer Entfernung ein Auto entgegenkommen. Glücklicherweise hat ihn seine Unsicherheit dazu gebracht, das waghalsige Unterfangen rechtzeitig abzubrechen. Andernfalls hätte er vielleicht einen schweren Unfall mit unabsehbaren Folgen verursacht.

Beispiel 2: Ein Taxifahrer fährt gerade durch einen stark befahrenen Kreisverkehr, als ihm ein anderer Autofahrer die Vorfahrt nimmt und mit seinem Auto kollidiert. Durch den Aufprall wird er zum Glück nur leicht verletzt, aber »der Schreck sitzt ihm in den Knochen«. Ihm wird übel, schwindelig, und er zittert am ganzen Körper. Er kann nicht weiterfahren und sein Taxi muss von einem Kollegen abgeholt werden.

Nach diesem Unfall erlebt der Taxifahrer zum ersten Mal in seinem Leben starke Angst beim Autofahren, insbesondere wenn er auf die Stelle zufährt, wo der Unfall geschah. Er beginnt Umwege zu fahren, um den Ort des Geschehens zu umgehen. Bald stellt er fest, dass er auch bei anderen Kreisverkehrsanlagen Angst bekommt und beginnt diese zu meiden. Schließlich verspürt er in immer mehr Verkehrssituationen Furcht, bis er nach einiger Zeit kaum noch ins Auto zu steigen vermag. Zu diesem Zeitpunkt ist er wegen seiner ausgeprägten Ängste nicht mehr in der Lage, seinen Beruf als Taxifahrer auszuüben.

Die beiden Beispiele zeigen die unterschiedlichen Gesichter von Angst. Beispiel 1 macht die positive Schutzfunktion deutlich. Im Lauf der Entwicklungsgeschichte der Menschen hat sich die Angst für den Kampf um das Überleben als nützlich herausgestellt. Daher erleben wir sie heute in Situationen, die für uns zu einer realen Gefahr werden könnten. Es ist richtig, derartige Angst auslösende Situationen zu meiden, um Schaden oder sogar Lebensbedrohung abzuwenden.

Angst erfasst »den ganzen Menschen«, das heißt sie äußert sich in unseren Gefühlen, unseren Gedanken, in unseren körperlichen Reaktionen und in unserem Verhalten. So spürte der überholende Autofahrer im ersten Beispiel ein ausgeprägtes Gefühl von Aufregung. Ihm schossen Gedanken durch den Kopf wie: »Wenn jetzt einer entgegenkommt, dann knallt es.« Außerdem spürte er sein Herz rasen, seine Hände krampften sich um das Lenkrad, auf der Stirn bildete sich Schweiß und in seinem Kopf fühlte er einen starken Druck. Sein Verhalten bestand dann darin, dass er auf die Bremse trat, im wahrsten Sinne des Wortes »einlenkte« und damit einen schweren Unfall vermied.

Angst wird erst dann zum Problem, wenn sie als überschießend, unangemessen, quälend und einschränkend erlebt wird.

Was ist Angst?

- Angst gehört genauso wie Freude, Glück, Trauer und Ärger zum normalen Erleben eines Menschen.
- Angst kann als Reaktion auf eine tatsächlich bestehende Gefahr eine wichtige Schutzfunktion haben.
- Angst betrifft den »ganzen« Menschen: Gedanken, Gefühle, körperliche Reaktionen und Verhalten.
- Angst kann sich in sehr unterschiedlicher Intensität und in verschiedensten Reaktionen äußern.

Unrealistische Ängste: Quälender Daueralarm

Das Beispiel des Taxifahrers von Seite 9 zeigt, dass Angst ihre positive Schutzfunktion verlieren und sich unrealistisch und destruktiv entwickeln kann. Dieses Phänomen lässt sich am Beispiel einer Alarmanlage veranschaulichen. Solange diese korrekt arbeitet und richtig eingestellt ist, wird sie nur dann anspringen, wenn tatsächlich eine Gefahr gegeben ist. Reagiert die Anlage aber auch in harmlosen Situationen und verursacht unnötig Lärm und Aufregung, hat sie durch einen grundlegenden Defekt ihre positive Wirkung eingebüßt. Eine ständig ohne angemessenen Grund aufheulende Alarmalage kann zu einer quälenden Nervenbelastung werden.

Ähnlich ist es mit unserem Angst-Erleben. Wenn es sich nicht nur auf reale Gefahren und tatsächliche Gefährdungssituationen bezieht, können wir in den Zustand eines völlig sinnlosen, quälenden Daueralarms geraten. Der Unterschied zu einer Alarmanlage besteht nun allerdings darin, dass sich eine unrealistische Angst nicht einfach per Knopfdruck abschalten lässt. Im Extremfall leiden Menschen über viele Stunden oder sogar permanent darunter. Unrealistisch überzogene Ängste können sich auf alle Aspekte des Lebens beziehen.

Bedenken Sie, dass unangemessene Ängste im Alltagsleben leicht einen »fruchtbaren Nährboden« finden können. Das liegt daran, dass es keine absoluten Sicherheiten im Leben gibt. Nichts ist letzten Endes völlig unmöglich. Wir können nie völlig ausschließen, dass etwas Schlimmes passiert. Damit Sie Ihren Alltag bewältigen können, ist es wichtig, Risiken realistisch einzuschätzen und bereit zu sein, ein gewisses Restrisiko in Kauf zu nehmen. Andernfalls wären Sie zur aktiven Lebensgestaltung nicht mehr in der Lage, da der Daueralarm unserer Angst jede »normale« Tätigkeit behindern würde.

Vermeidungsverhalten – wenn Ängste generalisiert werden

Durch den Unfall erlitt der Taxifahrer einen derartigen Schock, dass er nicht mehr in der Lage war, Alltagsgefahren realistisch zu beurteilen. Er begann das Risiko, einen weiteren Unfall zu erleiden, völlig unrealistisch zu überschätzen. Schließlich erwartete er, dass er unweigerlich verunglücken müsste, würde er einen Kreisverkehr befahren. Aufgrund dieser Überzeugung war es natürlich nur konsequent, jeden Kreisverkehr mit allen Mitteln zu meiden.

Dieses Vermeidungsverhalten bringt jedoch schwer wiegende Probleme mit sich. Zum einen kann nicht gelernt werden, dass die katastrophisierende Bewertung einer als ängstigend erlebten Situation völlig überzogen ist: Da der Taxifahrer nicht erlebt, dass es für ihn möglich ist, den Kreisverkehr unbeschadet zu befahren, kann sich die Überzeugung verstärken, dass es sicher zu einem Unfall kommen würde, nutzte er diesen Straßenknoten. Zum anderen kommt es meist zu dem Phänomen, dass unrealistische Ängste sich auf andere Bereiche ausweiten: Es stellt sich bald die Frage, warum denn ein bestimmter Kreisverkehr weniger gefährlich sein sollte als ein anderer. Dieses Generalisieren der unrealistischen Ängste kann unter Umständen relativ schnell weite Bereiche des Alltagsverhaltens treffen.

Körper, Seele und Geist: Angst erfasst den ganzen Menschen

Warum aber sind beim Angst-Erleben nicht nur Denken und Fühlen, sondern auch der Körper betroffen? Dies hängt mit der Entwicklungsgeschichte der Menschen zusammen, in der sich die Furcht als eine Reaktion mit hohem Wert für das Überleben entwickelt hat.

Wenn in grauer Vorzeit urplötzlich ein gefährlicher Säbelzahntiger auf jemanden zustürmte, war es überlebenswichtig, möglichst schnell die Flucht zu ergreifen oder sich mit einem Gegenangriff zur Wehr zu setzen. In beiden Fällen war es von großer Bedeutung, körperliche Energiereserven zu mobilisieren, um möglichst viel Kraft für den Kampf bzw. Schnelligkeit für die Flucht zur Verfügung zu stellen. Angst führt zu einer Alarmierung und Mobilisierung des gesamten Organismus, der Kräfte zum Angriff oder zur Verteidigung freisetzt. Insofern ist Angst als ein wichtiger Stressreiz oder Stressor anzusehen, der zu einer so genannten Bereitstellungsreaktion von körperlichen Energien führt. Hierbei spielt das vegetative Nervensystem eine wichtige Rolle, das bei Angst meist mit einer Steigerung der Sympathikus-Aktivität reagiert. Das führt u.a. zu Pulsbeschleunigung, Blutdruckanstieg, Intensivierung der Atmung und zu Anspannungen der Muskulatur. Man kann also sagen, dass »der Kessel unter Dampf gesetzt« wird, um eine gefährliche Situation mittels körperlicher Aktivitäten zu bewältigen. Interessanterweise kommt es bei sehr ausgeprägtem Stress, also auch bei starker Angst, leicht zu Einschränkungen der Konzentration und des Denkvermögens, bis hin zu Denkblockaden. Dieses Phänomen hatte möglicherweise seinen Wert darin, dass es in der Frühzeit im Kampf um das Überleben häufig bedeutender war, schnell zu reagieren als lange zu überlegen.

Bei den unter Angst auftretenden körperlichen Reaktionen wie Pulsbeschleunigung, Schwitzen, schnellerer Atmung und Anspannung der Muskulatur handelt es sich also um ganz normale Stressreaktionen, die ursprünglich den Sinn hatten, körperliche Energien bereit zu stellen.

Die Kenntnis dieser Zusammenhänge ist für viele Angstpatienten sehr wichtig, da sie häufig eine »Angst vor der Angst« entwickeln und auf die normalen körperlichen Stressreaktionen wiederum mit Furcht reagieren. Ein »Aufschaukelungsprozess« ist die Folge, der sich bis zur Panik verstärken kann.

Die körperlichen Reaktionen auf Angst werden zwar von den Betroffenen meist als sehr unangenehm erlebt, sind jedoch harmloser Natur. Stress- und Angstreaktionen klingen aufgrund der angelegten Steuerungsvorgänge in unserem Körper automatisch wieder ab. Angst- und Stressreaktionen halten nicht auf hohem Niveau unbegrenzt an, steigern sich schon gar nicht ins Unendliche oder in den vielleicht befürchteten Wahnsinn.

Ein wichtiges erstes Ziel ist also für viele Angstpatienten die angemessene Bewertung angstbedingter körperlicher Reaktionen, um den geschilderten destruktiven Aufschaukelungsprozess abzubauen oder zu verhindern.

Stress und Angst

Angst kann als ein Stressor verstanden werden, der zu den beschriebenen Körperreaktionen führen kann. Andere Stressoren wie starke berufliche Belastungen, Zeitdruck, Konflikte und private Überforderungssituationen sind mit ähnlichen psycho-physiologischen Veränderungen verbunden. Wer einem hohen beruflichen Leistungsdruck ausgesetzt ist, hat meist einen beschleunigten Puls, einen höheren Blutdruck und Muskulaturverspannungen. Bei der Befragung von Angstpatienten geben diese oft an, dass der erste Angstanfall in einer Phase mit starken Stressbelastungen auftrat.

Der oben geschilderte Fall des in einen Autounfall verwickelten Taxifahrers macht diesen Zusammenhang deutlich. Bereits längere Zeit vor dem Unfall befand sich der Taxifahrer in einer chronischen Überforderungssituation. Vor allem finanzielle Probleme bedrückten ihn. Er versuchte, seine wirtschaftliche Situation durch Überstunden zu verbessern. Da er in wechselnden Schichten auch nachts arbeitete und unter Schlafstörungen litt, konnte er sich nicht mehr ausreichend erholen. Seine Nerven lagen dementsprechend »blank«, als sich der Unfall ereignete. Wegen der bereits lang anhaltenden chronischen Überforderungssituation konnte er diesen Schock nicht mehr angemessen verarbeiten und reagierte mit der ausgeprägten Angstreaktion.

Angst als Reaktion auf Überforderung

Ausgeprägte Angstreaktionen treten besonders leicht in Situationen auf, in denen bereits eine Vorbelastung durch Dauerstress besteht. Wenn es zum ersten Mal zu einer schwer wiegenden Angstreaktion gekommen ist, besteht in einer derartigen Konstellation die Gefahr, dass sich eine Angststörung entwickelt. Kommen unrealistisch katastrophisierende Gedanken und das beschriebene Vermeidungsverhalten hinzu, weiten die Betroffenen ihr Angst-Erleben auch auf vorher nicht durch Furcht belastete Situationen aus.

Wie wird Angst erlebt?

Wie in den bereits geschilderten körperlichen Reaktionen äußert sich Angst auch auf der gedanklichen, gefühlsmäßigen und Verhaltensebene.

Die Gedanken beschäftigen sich meist mit der Vorwegnahme von befürchteten Ereignissen, Situationen und Reaktionen. Zum Beispiel denken viele Betroffene mit Panikstörungen während eines Anfalls daran, dass sie diesen nicht aushalten, einen Herzinfarkt erleiden und sterben könnten. Auf der Gefühlsebene werden in aller Regel außer Angst auch Hilflosigkeit, Trauer, Niedergeschlagenheit und Verzweiflung erlebt.

Aufgrund der ausgeprägten Reaktionen auf der gedanklichen, gefühlsmäßigen und körperlichen Ebene ist es verständlich, dass Angstpatienten auf der Verhaltensebene versuchen, den kritischen Situationen von vornherein auszuweichen oder vor ihnen zu fliehen.

Obwohl fast immer die genannten vier Ebenen beim Angst-Erleben eine Rolle spielen, müssen sie nicht unbedingt gleichzeitig und in gleicher Intensität beansprucht werden. Manche Menschen sind stärker mit den körperlichen Reaktionen auf Angst konfrontiert, während andere vielleicht eher die gefühlsmäßigen, gedanklichen oder die Verhaltensaspekte wahrnehmen.

Der folgende Fragebogen zur Erfassung des Angst-Erlebens kann Ihnen helfen, die Art der individuellen Angstäußerung festzustellen. Denken Sie hierbei an eine gerade in der vergangenen Zeit erlebte Situation zurück und beantworten Sie die Fragen bezüglich der aufgetretenen körperlichen, gedanklichen, emotionalen und Verhaltensreaktionen.

Tab. 1: Fragebogen zur Erfassung der Angstreaktionen

Situation:	
In der ängstigenden Situation traten folgende Reaktionen auf:	
gefühlsmäßig	
gedanklich	
körperlich	
Verhaltensweisen	

Hinweis: Diese und die weiteren Arbeitsbögen können Sie kopieren und für sich so regelmäßig nutzen.

Angsterkrankungen

Angsterkrankungen sind bereits seit Jahrhunderten bekannt. Eine genaue Diagnostik und eine einheitliche Begriffsbildung wurden allerdings erst seit 1980 erarbeitet. Bis dahin gab es eine Art »babylonischer Sprachverwirrung«, da es viele verschiedene Begriffe für nicht klar definierte Angststörungen gab.

Da Angst ein Alltagsphänomen ist, ist die Diagnose einer Erkrankung häufig schwer zu stellen. Sie versteckt sich nicht selten hinter Klagen über vielfältige Beschwerden, für die keine organischen Ursachen gefunden werden können. Viele Menschen schämen sich ihrer Ängste und versuchen sie zu verbergen, so dass auch die Hausärzte oft keine korrekte Diagnose stellen können.

Wann handelt es sich nicht mehr um eine normale Angstreaktion, sondern um eine Angsterkrankung?

Am Beispiel des oben erwähnten Taxifahrers lassen sich die Besonderheiten einer Angsterkrankung deutlich machen. Der Patient reagierte nach dem eher harmlosen Unfall mit unangemessen intensiver Angst – zunächst auf den Ort des Geschehens. Dann breitete sich sein Gefühl auf das Autofahren insgesamt aus. Schließlich reichte es, nur das Thema Autofahren und Kreisverkehr anzusprechen, um bei ihm Ängste auszulösen. Er war nicht mehr in der Lage, diese zu kontrollieren und konnte somit seinen Beruf nicht mehr ausüben. Typisch ist das ausgeprägte Vermeidungsverhalten, das schließlich zu einem Rückzug aus dem Beruf führte.

Angsterkrankungen gehören neben Depressionen zu den häufigsten psychischen Störungen. Vorsichtige Schätzungen gehen davon aus, dass etwa 13 bis 15 Prozent aller Menschen im Laufe ihres Lebens eine behandlungsbedürftige Form entwickeln. Bei etwa einem Drittel kommt es wegen langer Störungsdauer und starker Angstintensität zu Komplikatio-

Merkmale des Angstsyndroms:

- Unangemessen starke Angstausprägung;
- Ängste treten zu häufig und zu lange auf;
- mit Angst besetzte Situationen werden vermieden;
- Angstgefühle können nicht kontrolliert werden;
- Angst-Erleben und Vermeidungsverhalten führen zu starkem Leiden;
- die Bewältigung und Gestaltung des Lebens wird beeinträchtigt.

nen und Begleiterkrankungen. Hierbei sind vor allem Medikamenten- und/oder Alkoholmissbrauch sowie die Entwicklung einer zusätzlichen depressiven Erkrankung zu nennen.

Die verschiedenen Formen der Angsterkrankung

Bei den Angststörungen lassen sich verschiedene Untergruppen unterscheiden.

Besonders häufig sind:

- Panikstörung,
- Agoraphobie (»Platzangst«),
- soziale Phobie,
- spezifische Phobie,
- generalisierte Angststörung.

Diese Störungsbilder werden im Folgenden anhand von Fallbeispielen näher beschrieben.

Panikstörung: Plötzlich auftretende Angstanfälle

Wenn wiederholt wie aus dem Nichts Angstattacken auftreten, die nicht durch bestimmte Situationen oder auslösende Reize hervorgerufen werden, spricht man von Panikattacken. Sie brechen plötzlich über die Betroffenen herein. Innerhalb weniger Minuten kann sich die auftretende Angst derart steigern, dass ein nur schwer erträglicher Zustand von Panik erlebt wird. Da die Attacken im Allgemeinen nicht vorhersehbar sind, kann ihnen auch nicht ausgewichen werden. Dabei treten bedrohlich erlebte körperliche und psychische Symptome auf. In den meisten Fällen steigert sich die Panik bis zur Todesangst. Der in diesem Moment häufig alarmierte Notarzt kann jedoch keine Organerkrankung feststellen.

Der Panikanfall klingt normalerweise schnell wieder ab. Der Abstand bis zur nächsten Attacke kann unterschiedlich lang sein. In dieser Zeit schwanken die Betroffenen oft zwischen der Hoffnung, die Angst sei endlich überwunden und der tief sitzenden Erwartungsangst, jederzeit wieder einen Anfall erleiden zu können. Es kommt zur »Angst vor der

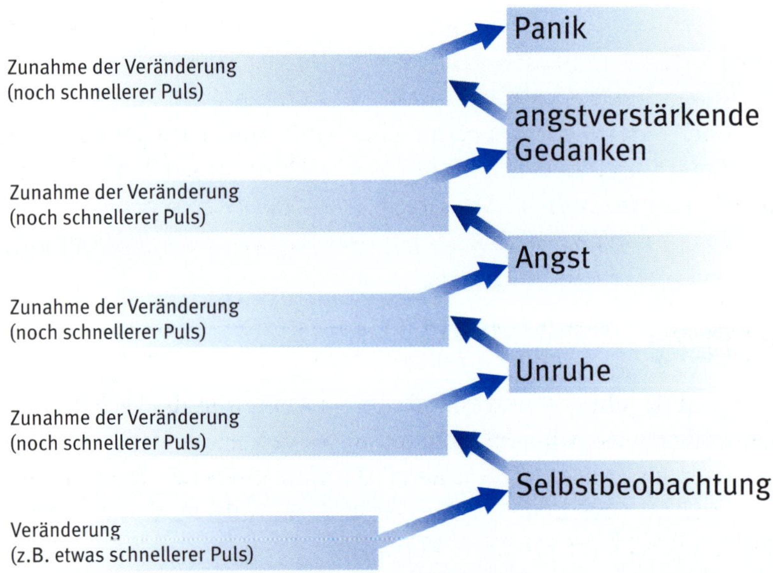

Abb. 1: Der so genannte Aufschaukelungsprozess kann sich bis zu einem Panikanfall steigern. Eine harmlose körperliche Veränderung, etwa ein beschleunigter Herzschlag, wird von den Betroffenen bewusst wahrgenommen. Die Selbstbeobachtung und Konzentration darauf führen dazu, dass die Herzfrequenz weiter zunimmt. Bei einer bereits vorhandenen Angstbereitschaft löst dieser Zustand Unruhe aus, ein Stressor, der zu einer Aktivierung vegetativer Funktionen führt. Das Herz rast. Die Reaktion darauf: eine wachsende Angst, die eine weitere vegetative Aktivierung bewirkt.

Angst«. Die auftretenden Panikanfälle und die stetig wachsende Erwartungsangst vor neuen Attacken führen meist zu Vermeidungsverhalten auf verschiedenen Ebenen. Viele Panikpatienten beginnen sich zurückzuziehen, da die Vorstellung, einen Anfall in der Öffentlichkeit zu erleiden, zusätzliche Beklemmungen erzeugt. Es werden meist körperliche Anstrengungen wie Sport, Treppen steigen, Wanderungen, Saunabesuche oder sexuelle Aktivitäten gemieden, da auch diese mit Körperreaktionen verbunden sind, die als beängstigend erlebt werden. Das wiederum mündet in ein Schonverhalten. Die nachlassende Kondition führt dann bereits bei geringen Belastungen zu relativ starken Reaktionen des Herz-Kreislauf-Systems. So kann etwa schon bei geringen körperlichen oder seelischen Belastungen eine deutliche Erhöhung der Pulsfrequenz eintreten. Dies ist zwar gesundheitlich in aller Regel völlig unbedenklich, bietet aber für Angstpatienten meist den Anlass, sich mit wachsenden Befürchtungen selbst zu beobachten. Die sich hierdurch steigernde Sorge kann sich dann wiederum bis zu einer Panikattacke steigern. So schrecklich dieser Zustand für die Betroffenen auch ist, es handelt sich dabei lediglich um ganz normale Stressreaktionen, die keine gesundheitliche Gefährdung darstellen. Nach einer gewissen Zeit führt die Erschöpfung zum Abklingen der Paniksymptome.

Fallbeispiel

Herr J. ist 36 Jahre alt und verheiratet. Er kommt in die Verhaltenstherapie, weil er seit etwa zwei Monaten unter sich häufenden Panikanfällen leidet. Er lutscht ständig starke Pfefferminz-Bonbons, da er befürchtet, sonst nicht ausreichend Luft zu bekommen. Außerdem trägt er »für den Notfall« eine kleine Flasche Sekt bei sich.

Vor zwei Monaten hatte er ein Rock-Konzert besucht, das ihm gut gefiel. Allerdings herrschte dort starkes Gedränge. Die Luft war stickig und verraucht. Ohne weiteren Anlass bekam er eine Art Anfall. Ihm wurde schwindelig, er schwitzte stark, und er spürte sein Herz rasen. Er erlebte panische Angst, wobei ihm die Gedanken durch den Kopf gingen: »Ich drehe durch und werde wahnsinnig«. »Das halte ich nicht aus, gleich bekomme ich einen Herzinfarkt und werde sterben.«

Ein Krankenwagen brachte ihn sofort ins Krankenhaus. Da die Ärzte keinen krankhaften Befund bei ihm feststellen konnten, wurde ein Psychologe zu Rate gezogen. Bereits während des Gespräches mit dem Fachmann klang die Angst mehr und mehr ab. Der Psychologe empfahl eine stationäre Aufnahme auf die Psychotherapie-Station der Klinik. Dies lehnte Herr J. ab, da er befürchtete, seine Anstellung als Kellner in einer Musik-Kneipe zu verlieren. Er beschloss aber, sich in die ambulante Verhaltenstherapie zu begeben.

Die genauere Befragung macht deutlich, dass Herr J. bereits seit vielen Jahren, genau genommen schon seit seiner Jugend, unter Ängsten leidet. Allerdings konnte er diese immer irgendwie verstecken und sich mit verschiedenen »Tricks« darüber hinweghelfen. Hierzu zählte auch Alkohol, der ihm half, ruhiger zu werden.

Herr J. wuchs gemeinsam mit einer ein Jahr älteren Schwester auf. Er erlebte eigenen Angaben zufolge eine »Terrorkindheit«. Seine Mutter war bei der Geburt seiner Schwester erst 17 Jahre alt und sei ihrer Aufgabe überhaupt nicht gewachsen gewesen. Der Vater war als Vertreter beruflich viel außer Haus. Es gab ständig Streit und Konflikte. Er fühlte sich oft völlig allein gelassen. Als Kind war er oft krank, »wahrscheinlich um dann Zuwendung zu bekommen«. Es sei die »Hölle« gewesen. In diesem Zusammenhang erlitt er mit 16 Jahren das erste Mal in der Schule einen Angstanfall. Dies war für ihn so schlimm, dass er danach den Unterricht schwänzte. Als dies herauskam, musste er das Gymnasium verlassen. Die Eltern brachten ihn zu einer Hauptschule, die er jedoch vorzeitig abbrach. Er holte dann später extern den Abschluss nach und nahm verschiedene Jobs an. Zwei Ausbildungen brach er ab, wobei auch hier seine Ängste eine Rolle spielten.

Seit einigen Jahren arbeitet er als Kellner in einer Musik-Kneipe und ist Sänger und Gitarrist in einer Rock-Band. Einige Jahre lebte er mit seiner Freundin und der gemeinsamen Tochter zusammen. In der Beziehung zu dieser Freundin habe es jedoch »nur Stress« gegeben. Als sie sich schließlich einem anderen Mann zuwandte, hielt er es nicht mehr aus und trennte sich von ihr. Den Kontakt zu seiner Tochter hält er aufrecht. Er lernte schließlich seine jetzige Frau kennen. Sie ist Türkin, und es gab zunächst erhebliche Probleme, da die Familie gegen die Verbindung war. Schließlich gelang es, die Zustimmung der Familie zur Heirat zu bekommen. Er war mit der Beziehung zu seiner Frau zunächst sehr zufrieden und fühlte sich von ihr trotz seiner »nervigen Ängste und Probleme« unterstützt. Wegen finanzieller Probleme gerieten seine Frau und er jedoch immer häufiger in erbitterten Streit, so dass »die Trennung in der Luft« lag.

Eskaliert sind die Ängste, als er sich dann auch noch mit Belastungen und Konflikten mit seinem Chef konfrontiert sah sowie den Verlust seiner Arbeit befürchtete. Diese Probleme konnte er »einfach nicht verkraften und nicht mehr abschalten«. In diesem Zusammenhang kam es dann zu dem gravierenden Panikanfall während des Konzerts. Danach traten die Anfälle immer häufiger »überfallartig« auf.

- Therapeutisches Vorgehen: Der Patient wurde zunächst über die Zusammenhänge zwischen Angst und den dabei auftretenden Aufschaukelungsprozess informiert. Es wurde herausgearbeitet, unter welcher Angstvorstellung er im Kern leidet. Bei Herrn J. – wie bei vielen Patienten – war es die Todesangst, die ihn in die Panik trieb. Er war überzeugt, dass er die Anfälle irgendwann nicht mehr aushalten und daran versterben würde. So wirkte die einsetzende Todesangst als ein massiver Stressor und heizte die vegetativen Funktionen (z. B. Herzschlag, Muskelspannungen) an. Zwar war er von seinem Hausarzt mehrfach gründlich untersucht worden, aber auch die Versicherung des Arztes, dass »organisch alles in Ordnung« sei, konnte seine Angst zunächst kaum dämpfen.

Es wurde in der Verhaltenstherapie viel Mühe darauf verwandt, ihm diese Angst zu nehmen. Unter anderem mit diesem Beispiel: Wenn der Patient mit seinem Auto auf der Autobahn mit Tempo 130 fährt, stellt dies für den Motor keine besondere Belastung dar, da er hierfür angelegt ist. Er kann viele Kilometer ohne Probleme diese Geschwindigkeit beibehalten. Falls er den Motor aber auf einem Parkplatz im Leerlauf auf die bei Tempo 130 vorhandene Drehzahl bringt, dann würde er unweigerlich den Eindruck haben, dass dies dem Motor schade. Der Motor würde ungewohnt laut aufheulen und man hätte den Eindruck, »dass die Schrauben aus dem Auspuff fliegen«. Dennoch ist es für den Motor gleichgültig, ob er 130 Stundenkilometer auf der Autobahn fährt, oder ob er die gleiche Drehzahl im Leerlauf leistet.

Dieser bildhafte Vergleich leuchtete dem Patienten ein. Ihm wurde auch deutlich, dass er mit seinen katastrophisierenden Vorstellungen bildlich gesprochen ständig Gas gegeben und den Motor beschleunigt hat. Aber wie könnte er den Fuß vom Gas bekommen? Die Antwort: Vor allem dadurch, dass er die Katastrophen- Phantasien verändert.

- Anti-Angst-Gedanke: Aus diesem Grund wurde mit ihm ein Antiangstgedanke erarbeitet. Hierbei hat sich in meiner therapeutischen Arbeit mit vielen Angstpatienten ein Antiangstgedanke besonders bewährt: »Ich bin gesund genug, es auszuhalten!« Hierdurch wird wohl zum Ausdruck gebracht, dass eine Panik durchaus ein subjektiv extrem schlimmer Zustand sein kann. Aber es wird auch versichert, dass dieser Zustand ausgehalten werden kann. Es konnte diesem kräftig und vital wirkenden Mann damit deutlich gemacht werden, dass die vielleicht übersteigerte aber dennoch normale Stressreaktion, die bei Angst auftritt, ihn nicht umbringen wird.

- Progressive Relaxation: Das Erlernen eines systematischen Entspannungstrainings, der Progressiven Relaxation, war in diesem Prozess eine wichtige Hilfe. (s. S. 69 ff.). Bisher hatte Herr J. seinen Körper und die Organfunktionen vor allem ängstlich und angespannt beobachtet. Oder er hatte versucht, sich mithilfe von Alkohol zu betäuben. Nun begann er, sich seinem Körper wieder in Ruhe zuzuwenden und sich mit seinen Organfunktionen zu konfrontieren. Er erlebte hierbei auch die Bestätigung, dass sich beispielsweise der Puls bei ängstigenden Vorstellungen beschleunigt und mit zunehmender Entspannung beruhigt. Er entwickelte im Laufe des Übungsprozesses eine zunehmende Gelassenheit und neues Vertrauen in seinen Körper.

- Konfrontation und Angstbewältigung in sensu: In der am Ende einer Entspannungsübung erreichten Ruhephase wurde dann in der Vorstellung (lateinisch: in sensu) das Auftreten eines Panikanfalles und der Um-

gang damit durchgespielt. (Eine genauere Erläuterung des Vorgehens und ein Anleitungstext für die Konfrontation in sensu findet sich auf S. 118 ff.)
Die Vorstellungsübung diente als eine Art »Probehandeln«. Es wurde ein erneuter Panikanfall quasi vorweggenommen und die neue Art des Angstmanagements eingeübt. Dies erwies sich als sehr vorteilhaft. Herrn J. fiel es aufgrund des wiederholten Probehandelns wesentlich leichter, beginnende Panikanfälle frühzeitig zu erkennen und sie aktiv zu bewältigen. Er war dadurch in der Lage, die Panikattacken abzukürzen und erlebte die Angst auch als deutlich schwächer als früher.

- Hilfe durch Sport: Wegen seiner Ängste hatte er u. a. das früher geliebte Fußballspielen aufgegeben, er vermied Treppensteigen und schnelleres Gehen. Durch den Bewegungsmangel und das völlig unnötige Schonverhalten hatte er sich eine eklatante Abnahme seiner Kondition eingehandelt. Wie bereits beschrieben reagiert das Herz-Kreislauf-System bei mangelnder Kondition gerade sehr empfindlich und leicht überschießend. Bereits bei kleineren körperlichen oder nervlichen Anstrengungen kann es z.B. zu schnellerem Puls, Gefühlen der Atemnot und zum Schwitzen kommen. Da Herr J. sich zunächst nicht zutraute, allein zu joggen, fand eine Laufstunde mit dem Therapeuten statt. Dabei wurde ein so genanntes Intervalltraining durchgeführt. Nach etwa ein bis zwei Minuten langsamen und lockeren Trabens folgen etwa ein bis zwei Minuten flotten Gehens. Dann wurde wieder getrabt … und wieder gegangen. Das Intervalltraining dauert etwa 30 bis 45 Minuten und sollte mehrmals in der Woche, am besten jeden zweiten Tag durchgeführt werden. Herr J. konnte mit der Zeit immer länger den lockeren Trab durchhalten. Schließlich war er in der Lage etwa 30 bis 45 Minuten ohne Pause zu traben. Er stellte durch den regelmäßigen Sport fest, dass er »kein rohes Ei« und körperlichen Belastungen durchaus gewachsen war. Außerdem gewöhnte er sich daran, dass Herzklopfen, Schwitzen und schnelles Atmen völlig normale Phänomene sind und keinerlei Gefahr bedeuten. Im Gegenteil spürte er, dass ihm der Sport und das Ausagieren sehr gut taten. Die Erfahrungen beim Sport unterstrichen zusätzlich die Aussage des Antiangstgedankens: »Ich bin gesund genug, es auszuhalten!«.

Sein Selbstbewusstsein – das arg gelitten hatte – wuchs beträchtlich. Er suchte bewusst Situationen auf, die er zuvor gemieden hatte und vergrößerte damit Schritt für Schritt seine Freiheit, die ihm sehr wichtig war. Die Ängste klangen innerhalb von einem halben Jahr mehr und mehr ab, so dass er sich schließlich jeder Herausforderung gewachsen fühlte und wieder einen aktiven Lebensstil an den Tag legte.

Agoraphobie: Große Plätze und Menschenansammlungen werden zur Bedrohung

Der griechische Begriff »Agora« (Versammlungs- und Marktplatz) legt nahe, dass es bei der Agoraphobie um eine Angst vor großen offenen Plätzen geht. Aus diesem Grund spricht man auch von »Platzangst«. Allerdings bezieht sich die Furcht von Agoraphobikern nicht nur auf große Plätze, sondern auch auf Menschenansammlungen. Es geht vor allem um Orte und Situationen, in denen in der Vorstellung der Betroffenen eine schnelle Flucht nur schwer möglich oder aber keine als notwendig angesehene Hilfe sofort verfügbar wäre.

Typische Situationen, auf die Agoraphobiker mit Angst reagieren, sind:

- alleine außer Haus gehen,
- große Plätze,
- Menschenmengen,
- Schlange stehen,
- Brücken,
- Fahren mit öffentlichen Verkehrsmitteln oder Autos.

Wie das Beispiel von Herrn J. zeigt, besteht oft ein Zusammenhang zwischen Panikanfällen und Agoraphobie. Menschen, die Panikattacken erlebt haben, stellen häufig eine Verbindung zwischen der Situation, in der sie den Anfall erlitten haben, und der Angst her. Wenn man etwa in einem Kaufhaus in dichtem Gedränge einen Panikanfall bekommen hat, ist es leicht möglich, dass bereits die Vorstellung, in ein Kaufhaus gehen zu wollen, Angst auslöst. Darüber hinaus entstehen oft Phantasien, dass es beschämend sein könnte, in der Öffentlichkeit einen Anfall zu erleiden. Auch die Vorstellung, nicht jederzeit einen Ort schnellstmöglichst verlassen zu können (zum Beispiel Kino, Konzert, Theater) und dem Panikanfall hilflos ausgesetzt zu sein, kann neue Ängste produzieren.

So stellen sich die Betroffenen bestimmten alltäglichen Situationen nicht mehr oder nur in Begleitung: einkaufen, in Restaurants gehen, öffentliche Verkehrsmittel benutzen, Besuche und Spaziergänge machen. Die Agoraphobie und das damit verbundene Vermeidungsverhalten können sich derart steigern, dass viele Betroffene nach einigen Jahren das Haus kaum mehr allein verlassen.

Den meisten Agoraphobikern ist es jedoch möglich, die gefürchteten Situationen in Begleitung vertrauter Menschen – zumindest teilweise – zu ertragen. Einige haben auch individuelle »Anti-Angst-Strategien« entwickelt, die ihnen helfen, die Angst zu reduzieren. Typische Strategien sind das Mit-sich-Tragen von Medikamenten, Telefonnummern »für den Notfall« und heute zunehmend das Handy. Die meisten Agoraphobiker sind überzeugt, dass in den gefürchteten Situationen Panikanfälle auftreten könnten. Für eine Minderheit spielt dagegen die Angst vor einem Anfall nicht die beherrschende Rolle. Vielmehr ängstigt sie beispielsweise die Vorstellung, dass sie in einem Kaufhaus oder Theater ohnmächtig werden könnten. Dabei ist nicht nur die phantasierte Möglichkeit einer Ohnmacht Furcht erregend. Als noch schlimmer wird meist angenommen, dass dies zu beschämenden Folgen führen könnte. Dabei geht es um Phantasien, plötzlich im Mittelpunkt des Interesses vieler Menschen zu stehen und darum, dass diese »schlecht« über einen denken könnten. So befürchtete eine Betroffene: »Wenn ich ohnmächtig zusammenbreche, kommt es bestimmt zu einem Menschenauflauf. Alle werden auf mich herabgaffen. Die werden sich doch fragen: Was ist denn mit der Frau los? Die ist bestimmt besoffen! Die Leute denken doch heutzutage so schlecht! Diese Peinlichkeit könnte ich nicht ertragen.«

Fallbeispiel

Frau S. kommt auf Empfehlung ihrer zuständigen Sachbearbeiterin beim Arbeitsamt zur Psychotherapie. Sie hat 15 Jahre lang in einem kleinen Supermarkt gearbeitet, der in der Nähe ihrer Wohnung lag. Da der Laden geschlossen werden musste, wurde sie arbeitslos. Als ihr vom Arbeitsamt eine Anstellung in einem Nachbarort angeboten wurde, sah sich Frau S. außer Stande, diese neue berufliche Chance zu ergreifen. Schon die Vorstellung, bis zur Bushaltestelle zu gehen und mit dem Bus in den Nachbarort zu fahren, löste in ihr unerträgliche Ängste aus.

Bei genauerer Befragung wurde deutlich, dass die 52-Jährige bereits seit mehr als 25 Jahren unter stark beeinträchtigenden Ängsten leidet. Bis dahin sei es ihr recht gut gegangen. Trotz der materiellen Not der Nachkriegsjahre habe sie eine »schöne Kindheit« als Jüngste von vier Geschwistern verlebt. Nach dem Abschluss der Schule erlernte sie den Beruf einer Verkäuferin und arbeitete in verschiedenen Lebensmittelläden und zuletzt 16 Jahre lang in dem kleinen Supermarkt. Sie heiratete im Alter von 22 Jahren. Seither lebt sie mit ihrem Mann zusammen und schildert die Beziehung als sehr innig und harmonisch. Allerdings erfüllte sich der Kinderwunsch nicht. Nach vielen medizinischen Untersuchungen wurde deutlich, dass ihr Mann zeugungsunfähig ist. Die Unmöglichkeit, Kinder zu bekommen, machte Frau S. zunächst sehr traurig. Aber sie habe sich schließlich damit abgefunden.

Als ihre Schwester ein Baby bekam, war sie gleich bereit, bei der Betreuung zu helfen. Als sie den Säugling das erste Mal auf dem Arm trug, spürte sie plötzlich eine unerklärliche innere Unruhe, die sich innerhalb kurzer Zeit zu einer panikartigen Angst steigerte. Sie zitterte und befürchtete, dass sie das Baby fallen lassen könnte. Sie vermied es daraufhin, das Kind auf den Arm zu nehmen, half ihrer Schwester aber weiterhin bei der Versorgung und im Haushalt. Allerdings traten seit der Zeit immer häufiger Angstanfälle auf. Insbesondere hatte sie Furcht, irgendwo allein zu sein. Sie bemühte sich darum, immer in Anwesenheit ihres Mannes oder anderer Verwandter oder Bekannter zu sein. Es war ihr völlig unmöglich, die Wohnung ohne vertraute Begleitung zu verlassen. Wegen dieser Ängste suchte sie bereits vor vielen Jahren einen Psychotherapeuten auf. Hier sei ihr gesagt worden, dass der versagte eigene Kinderwunsch und damit verbundene innere Konflikte eine Ursache für ihr Angstsyndrom sein könnten. Sie habe auch eine Reihe von Therapiegesprächen über diese Thematik geführt und ihr sei auch ihre Trauer über die Kinderlosigkeit nochmals bewusst geworden. Zu einem Abklingen der Ängste habe die Therapie jedoch nicht geführt. Sie habe sich schließlich mit ihren Ängsten abgefunden. Ihr Mann habe sie morgens zu ihrer Arbeitsstelle begleitet und abends wieder abgeholt. Wenn er verhindert war, wurde sie von einer Kollegin oder von einer ihrer Schwestern nach Hause begleitet.

Als sie ihre Anstellung in dem vertrauten Supermarkt verlor, ergab sich eine neue Situation. Weder ihr Mann noch ihre Schwestern waren zeitlich in der Lage, sie zu der Arbeitsstelle im Nachbarort zu begleiten. Sie selbst sah sich wegen ihrer Ängste völlig außer Stande, die neue Arbeitsstelle alleine zu erreichen.

- Therapeutisches Vorgehen: In der Verhaltenstherapie bekam Frau S. zunächst grundlegende Informationen zur Entstehung und Aufrechterhaltung von Angststörungen. Die Patientin ließ sich überzeugen, dass sie sich ihren Ängsten stellen muss, um sie überwinden zu lernen. Nur auf diese Weise kann sie erleben, dass auftretende Ängste von selbst abklingen und sich nicht unbegrenzt steigern.

Antiangstgedanke
Auch bei ihr handelte es sich im Kern um die Vorstellung, den sich aufschaukelnden Symptomen nicht gewachsen zu sein und möglicherweise gesundheitlichen Schaden zu nehmen oder gar zu versterben. Aus diesem Grund wurde mit ihr ebenfalls ein Antiangstgedanke erarbeitet. Als besonders passend empfand auch Frau S. den Vorsatz: »Ich bin gesund genug, es auszuhalten!« Hierdurch wird zum Ausdruck gebracht, dass es durchaus ein subjektiv extrem schlimmer Zustand sein kann, der durchgemacht wird. Aber eines ist sicher: »Ich bin gesund genug, es auszuhalten«.

• Progressive Relaxation: Trotz aller Einsicht sah sie sich jedoch nicht in der Lage, die direkte Konfrontation zu suchen. Bereits die Vorstellung, dies zu tun, erzeugte in ihr unerträgliche Angst. Deshalb erlernte sie zunächst die Methode der Progressiven Relaxation. Sie war bereits nach etwa zwei Wochen in der Lage, mithilfe dieses Verfahrens einen tiefen, angenehmen Entspannungszustand zu erreichen. Es wurde dann an Kurzformen der Progressiven Relaxation gearbeitet. Schließlich war sie in der Lage, sich innerhalb weniger Minuten tief zu entspannen. Es gelang ihr sogar, sich mithilfe des Signalwortes »loslassen« innerhalb von Sekunden zu entspannen.

• Konfrontation und Probehandeln in sensu: Dann wurde die Konfrontation mit Angst auslösenden Situationen ins Auge gefasst. Hierbei ging es vor allem darum, die Wohnung ohne Begleitung zu verlassen und alleine etwas zu unternehmen. Als Übung bot es sich zunächst an, dass die Patientin allein zu einem etwa 500 m entfernten Bäckereigeschäft geht. Die Konfrontation wurde zunächst in der Vorstellung (in sensu) geübt. Hierbei entspannte sie sich zunächst mithilfe der Progressiven Relaxation. Dann wurde ihr vom Therapeuten die folgende Situation geschildert: »Stellen Sie sich vor, dass Sie sich entschlossen haben, die Wohnung alleine zu verlassen, um beim Bäcker Brot zu kaufen. Sie ziehen sich an, gehen zur Tür und öffnen diese. Es kann sein, dass Sie Angst verspüren. Sie sagen sich »Ich bin gesund genug, es auszuhalten«. Mit diesem Gedanken geben Sie sich einen Ruck und gehen hinaus. Sie gehen weiter und weiter und sagen sich immer wieder den Satz »Ich bin gesund genug, es auszuhalten«. Es kann sein, dass Ihre Angst ansteigt, aber Sie sind in der Lage, dies auszuhalten. Vielleicht ist es auch eine Hilfe, die Aufmerksamkeit nach außen zu wenden und möglichst genau alles zu beobachten, was um Sie herum zu sehen … und zu hören … ist. Vielleicht liegt auch ein besonderer Geruch in der Luft. Spüren Sie, wie sich der Gehweg unter Ihren Füßen anfühlt. Sie werden feststellen, je weiter Sie gehen, je länger Sie sich dieser Situation stellen, wird die Angst mehr und mehr abklingen. Dies können Sie auch dadurch unterstützen, dass Sie Ihre Muskeln ganz locker lassen. Falls Sie irgendwo eine Anspannung spüren, diese ganz loslassen und sich mithilfe des Signalwortes »loslassen« mehr und mehr lockern und lösen. So gehen Sie weiter und weiter und haben nun die Bäckerei erreicht. Sie gehen hinein und sprechen mit der Ihnen bekannten Verkäuferin. Dann kaufen Sie Ihr Brot und begeben sich auf den Rückweg, der Ihnen vielleicht schon viel leichter fällt als der Hinweg. Sie achten möglichst genau auf alles, was um Sie herum geschieht. Sie können vielleicht feststellen, dass die Angst immer mehr abklingt. Dann sind Sie auch schon wieder zu Hause angekommen und kehren in Ihre Wohnung zurück. Sie fühlen sich voller Freude und Stolz darüber, dass Sie diese selbst gesetzte Aufgabe bewältigt haben. Sie sagen sich: »Das habe ich gut gemacht! Ich freue mich über meinen Erfolg!«

Die Patientin berichtete, dass sie sich in der Entspannung die geschilderte Situation gut vorstellen konnte und dass sie tatsächlich auch zunächst Angst gespürt habe. Sie habe dann jedoch bemerkt, dass diese bereits nach recht kurzer Zeit abklang.

• Konfrontation in vivo: Durch die Übungserfahrung war sie ermutigt, die Konfrontation auch in der Realität zu suchen (Konfrontation in vivo). Bereits am nächsten Tag führte sie die Übung in der besprochenen Weise durch. Sie war überrascht darüber, dass der Verlauf tatsächlich fast genauso war, wie sie es in der Vorstellung erlebt hatte. Sie wiederholte die Übung in den nächsten Tagen mehrmals und stellte fest, dass die Angst bei jedem Mal eine geringere Intensität hatte und auch schneller abklang. Nach sechs Wiederholungen spürte sie kaum noch Angst, wenn sie zum Bäcker ging. In einem Protokollbogen für Konfrontationsübungen hielt sie ihre Übungserfahrungen fest.

Frau S. war äußerst überrascht und erfreut, dass es ihr möglich war, nach so langer Zeit die Wohnung ohne Begleitung zu verlassen. Allerdings schien es ihr noch nicht möglich zu sein, ihre bekannte nähere Umgebung zu verlassen.

• Hilfe durch Sport: Auch bei Frau S. stellte es sich als hilfreich heraus, dass sie die Empfehlung umsetzte, sich sportlich zu betätigen. Wegen ihrer Ängste hatte sie sich mehr und mehr zurückgezogen, was zu einem schwerwiegenden Bewegungsmangel und zu entsprechenden Trainingsdefiziten geführt hatte. Bereits bei kleineren körperlichen oder nervlichen Anstrengungen kam es bei ihr zu schnellerem Puls, Gefühlen der Atemnot und zum Schwitzen. Das sind zwar völlig harmlose Symptome. Da Frau S. sich aber ängstlich beobachtete, lösten sie nicht selten einen Angstanfall aus. Sie entschloss sich dazu, mehrmals in der Woche mit

Protokollbogen für Konfrontationsübungen

Datum/ Uhrzeit	Übungs-situation	Übung bis zum Ende durch-geführt?	Angst-stärke zu Beginn (0–10)	körper-liche Symptome	Gedanken	Dauer bis zum Abklin-gen der Angst/ Angststärke am Ende
22.5. 10.30 Uhr	Einkauf beim Bäcker	ja	8	Herzrasen, Schwitzen, Verspan-nungen im Nacken- und Schulterbe-reich	Was ist, wenn ich umkippe?	10 Min./3
23.5.	Einkauf beim Bäcker	ja	6	Herzklopfen, Schwitzen, Bauchdruck	Hoffentlich wird mir nicht schlecht	7 Min./2
24.5.	Einkauf beim Bäcker	ja	5	Herzklopfen, Verspannung im Nacken	Hoffentlich hält mein Herz die Aufregung aus	5 Min./2
26.5.	Einkauf beim Bäcker	ja	3	leichtes Herzklopfen	Es wird schon gut gehen	2 Min./1
27.5.	Einkauf beim Bäcker	ja	1	leichte Unruhe	Ich weiß, es wird klappen	1 Min./0

ihrem Mann flotte Wanderungen (»walking«) zu unternehmen. Außerdem schloss Sie sich einer Gymnastikgruppe für Frauen an. Ihre Kondition nahm nach einigen Wochen deutlich zu. So gewöhnte sie sich daran, dass Herzklopfen, Schwitzen und schnelles Atmen völlig normale Phänomene sind und keinerlei Gefahr bedeuten.

Durch weitere Übungen entfernte sie sich zunehmend weiter von der Wohnung und fuhr schließlich mit dem Bus von ihrem ländlichen Wohnort in die nächste größere Stadt. Damit war die Voraussetzung dafür geschaffen, dass sie dort in einem größeren Supermarkt eine Anstellung als Kassiererin antreten konnte.

Es gelang ihr außerdem, mithilfe der gleichen Methode Ängste beim Autofahren zu überwinden.

Soziale Phobie: Angst vor anderen Menschen

Menschen, die unter Sozialphobie leiden, erleben übermäßige Ängste in zwischenmenschlichen Situationen. Diese treten auf, wenn sich die Betroffenen im Mittelpunkt der Aufmerksamkeit anderer erleben. Dabei glauben die meisten, dass andere Menschen negative, beschämende Bewertungen vornehmen. Besonders gefürchtete Situationen sind das Sprechen in der Öffentlichkeit, öffentliches Schreiben (u. a. Formulare und Schecks ausfüllen), Essen in einem Restaurant, Benutzung einer öffentlichen Toilette, Betreten eines Raumes, in dem sich bereits Leute aufhalten.

Auch die Begegnung mit bestimmten Personen oder überhaupt mit Menschen kann bei Betroffenen Angst auslösend wirken. Es kommt zu einem Vermeidungsverhalten, das zu Rückzug und unter Umständen zu Isolation führt. Ein weniger ausgeprägtes Vermeidungsverhalten kann auch darin bestehen, dass kaum Gespräche gesucht, Blickkontakte gemieden und Menschengruppen ausgewichen wird.

Die sozialen Ängste sind mit Gedanken und Vorstellungen verbunden, sich zu blamieren oder peinlich aufzufallen. Auch die Vorstellung, dass

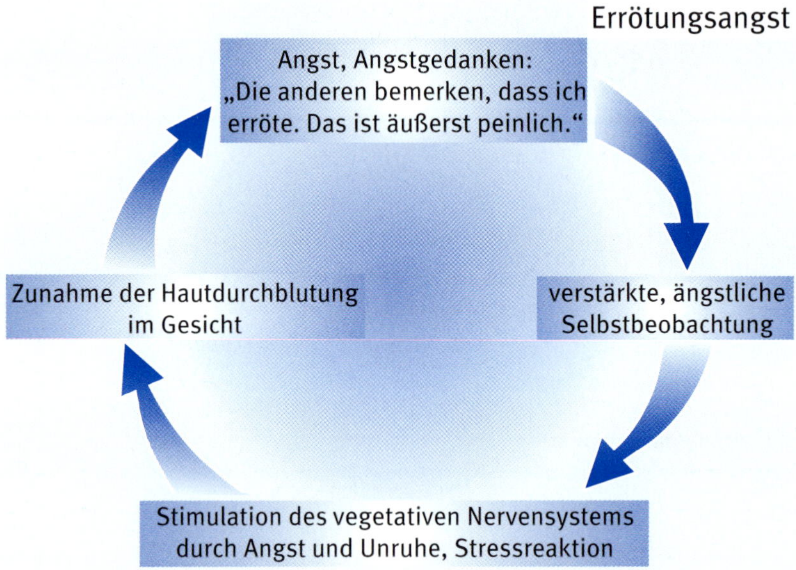

Abb. 2: Der peinliche Gedanke, dass andere ein Erröten bemerken könnten, führt zu einer intensiven Selbstbeobachtung. Auf diese Weise wird ein möglicherweise bestehendes leichtes Wärmegefühl verstärkt wahrgenommen. Die wachsende innere Unruhe stellt einen Stressreiz für das vegetative Nervensystem dar. Dies führt wiederum zu verstärkten Herz-Kreislauf-Funktionen und damit zu einer Intensivierung der Durchblutung im Gesicht. Das Gefühl, immer stärker zu erröten, führt zu einer Zunahme der Errötungsangst usw.

andere Menschen Anzeichen von Angst bei ihnen entdecken könnten (Erröten, Zittern, Schwitzen, Kurzatmigkeit), löst bei Erkrankten erneute Furcht vor Beschämung aus. Die Sorge, dass andere ihre Angst bemerken und sie dadurch in eine peinliche Situation geraten könnten, führt zu einem sich selbst verstärkenden Kreislauf. Die Befürchtungen gehen häufig dahin, als schwach, hilflos, unsicher und minderwertig angesehen zu werden.

Nicht wenige Menschen mit einer Sozialphobie machen die Erfahrung, dass ihre Ängste durch Alkohol, Drogen oder auch Beruhigungsmittel ge-

Teufelskreis Errötungsangst

Der aus Österreich stammende, in USA lebende Psychologe Paul Watzlawik bezeichnet den bei der Errötungsangst auftretenden Teufelskreis als ein Beispiel für einen »Lösungsversuch erster Ordnung«. Hierunter versteht er Lösungsversuche, die überhaupt erst das Problem erzeugen, das sie lösen wollen. Der Versuch, das Erröten zu unterdrücken, führt unweigerlich dazu, dass es sich verstärkt oder überhaupt erst auftritt. Ein Lösungsversuch »zweiter Ordnung« besteht darin, den problematischen Lösungsversuch aufzugeben oder das Gegenteil zu tun. Diese therapeutische Strategie wird als »paradoxe Intervention« bezeichnet. Einem Patienten mit Errötungsangst wird empfohlen, seine Versuche, nicht rot zu werden, aufzugeben. Vielmehr soll er willentlich versuchen, möglichst stark zu erröten. Wenn sich ein Patient tatsächlich hierauf einlässt, wird er unweigerlich feststellen, dass es nicht möglich ist, willenlich zu erröten und dass der Teufelskreis durch dieses scheinbar paradoxe Vorgehen durchbrochen wird.

dämpft werden. Es kommt dann leicht zu einer Art Selbstmedikation mit den Suchtstoffen, die zunächst zu einem Substanzmissbrauch und dann oft auch zu einer Abhängigkeitserkrankung führen kann.

Zwischen Sozialphobie und einem Mangel an sozialen Kompetenzen besteht ein enger Zusammenhang. Menschen, die wenig Erfahrungen und Geschick im Umgang mit anderen erlangen konnten, sind stärker gefährdet, eine Sozialphobie zu entwickeln. Durch das Vermeidungsverhalten können immer seltener Erfahrungen im Kontakt mit anderen gesammelt werden. Die »soziale Geschicklichkeit« nimmt weiter ab – ein guter Nährboden für ständig neue Ängste.

Neuere Untersuchungen zeigen, dass bei Sozialphobien häufig bestimmte Gedankenmuster eine wichtige Rolle spielen. Diese führen dazu, dass Betroffene ständig eine innere Bewertung des eigenen Aussehens und des eigenen Verhaltens vornehmen, wobei diese Bewertung negativ und beschämend ausfällt.

Folgende Gedankenmuster führen häufig zu verstärkten sozialen Ängsten:

- Einerseits werden sehr hohe Erwartungen und Ansprüche an den Umgang mit anderen Menschen gestellt, während andererseits die eigenen Fähigkeiten in dieser Hinsicht stark angezweifelt werden.
- Es besteht die generelle Erwartung, dass andere Menschen überaus kritisch und von der Grundhaltung eher ablehnend sind.
- Man erinnert sich in erster Linie an Situationen, in denen man Beschämung und Versagen erlebt hat.
- Die Betroffenen neigen zu einer erhöhten Selbstaufmerksamkeit, wodurch ansonsten automatisch und unbemerkt ablaufende körperliche Prozesse plötzlich bewusst werden. So wird beispielsweise eine Verstärkung der Durchblutung des Gesichtes überdeutlich wahrgenommen und führt zu der Angst, dass andere ein Erröten feststellen könnten. Ebenso kann es zu ängstlicher Beobachtung des Herzschlages, der Atmung, eines möglichen Zitterns und Transpirierens kommen.
- Die ängstlich beobachtete körperliche Erregung führt wiederum zu wachsender Angst davor, dass andere die »körperlichen Zeichen« entdecken könnten. Diese Möglichkeit wird als »katastrophal« eingeschätzt, da sehr negative, abwertende, beschämende Bewertungen durch andere Menschen erwartet werden.

Es entsteht eine Wechselwirkung zwischen ängstigenden Gedanken und Vorstellungen auf der einen Seite sowie den geschilderten, bei Erregung und Angst auftretenden körperlichen Reaktionen auf der anderen Seite. Beides verstärkt sich gegenseitig. Die ängstigenden Gedanken und Vorstellungen wirken als Stressoren. Die körperlichen Reaktionen (höherer Puls etc.) sind wiederum der Nährboden für neue ängstigende Gedanken, so dass sich der Kreis schließt (siehe Abbildung 1).

Fallbeispiel

Die 27-jährige Frau K. leidet im zwischenmenschlichen Kontakt unter ausgeprägten Unsicherheitsgefühlen und Ängsten. Besonders auffällig ist, dass sie Blickkontakte vermeidet. Dieses Verhalten hat wiederholt Missverständnisse bewirkt: Andere schätzen sie als »abweisend und arrogant« ein. Die Angst vor dem Kontakt mit anderen Menschen hat zu einer sehr zurückgezogenen Lebensweise geführt, die nicht ihrem Alter entspricht. Wegen des Mangels an Kontakten leidet sie zeitweise unter starker depressiver Verstimmung und ist mit ihrem Leben äußerst unzufrieden.

Frau K. wuchs gemeinsam mit ihrem vier Jahre älteren Bruder auf. Zunächst betont sie, dass ihre Kindheit »ganz normal« gewesen sei. Bei näherer Nachfrage berichtet sie dann jedoch davon, dass die Ehe ihrer Eltern »völlig zerrüttet« sei. Die Eltern würden nur deswegen weiter zusammenleben, weil »beide Angst hätten, sich zu trennen«. Von frühester Kindheit an habe ständig in der Luft gelegen, dass die Eltern sich trennen könnten. Ausufernde Streitereien und gegenseitige Entwertungen zwischen den Eltern seien an der Tagesordnung gewesen. Den Vater erlebte sie als »absoluten Pessimisten«, der unter »massiven Minderwertigkeitskomplexen« leide. Er ziehe sich von anderen Menschen sehr zurück. Die Mutter sagte ihr, dass der Vater »eigentlich auch gar keine Kinder haben wollte«. Er habe sich als »kleiner Angestellter« in dieser »feindlichen Welt« nicht in der Lage gesehen, Kinder zu ernähren und groß zu ziehen. Bereits als Kind war Frau K. sehr ängstlich und schüchtern. Von anderen Kindern sei sie häufig »fertig gemacht« worden. Sie konnte sich nicht wehren und sei wiederholt von Freundinnen zum »Opfer« gemacht worden. Im Kindergarten und in der Schule galt sie als stilles und zurückhaltendes Kind. Sie habe »schlechte Karten« gegenüber anderen gehabt und sich als »völlig wehrlos« erlebt, so dass sie sich auch nicht durchsetzen konnte. Obwohl es ihr schwer fiel, schaffte sie mit großem Fleiß den Realschulabschluss. Nach der Schulentlassung begann sie zwei Berufsausbildungen, die sie jedoch wieder abbrach. Die Gründe lagen darin, dass sie »sich der Auseinandersetzung mit Vorgesetzten, Kolleginnen und

Kunden nicht gewachsen fühlte«. Neben den Unsicherheits- und Angstgefühlen kam noch hinzu, dass sie bereits aus nichtigem Anlass mit unkontrollierbaren Weinanfällen reagierte. Dieses als beschämend empfundene und für sie nicht kontrollierbare Weinen verstärkte die Angst im zwischenmenschlichen Kontakt noch mehr.

• Therapeutisches Vorgehen: Sie suchte beim Autor psychotherapeutische Hilfe. Durch die Verhaltenstherapie gelang es ihr, ihr Selbstwertgefühl zu verbessern, überzogene Ängste vor anderen Menschen abzubauen und neue Fähigkeiten im Umgang mit anderen Menschen zu erwerben. Diese Verbesserung im Erleben und Verhalten ermöglichten ihr nicht nur die Überwindung der zurückgezogenen Lebensweise im privaten Bereich und den Aufbau von Freizeitaktivitäten, sondern es war ihr auch möglich, eine Berufstätigkeit aufzunehmen. Sie fand eine Anstellung als Kassiererin in einem Supermarkt, in dem sie bis heute tätig ist. In ihrem Berufsalltag gelingt es ihr jetzt, Blickkontakt aufzunehmen.

• Kognitive Verhaltenstherapie – Veränderungen im Denken: Ein wichtiges therapeutisches Ziel bestand in einer Verbesserung des Selbstwerterlebens. Ihr wurde im Laufe der Therapiegespräche klar, dass sie sich angewöhnt hatte, sich ständig selbst zu entwerten. Sie kommentierte alles, was sie tat übermäßig kritisch und nahm sich auf diese Weise jeden Mut. Insbesondere ging sie davon aus, dass sie im Vergleich mit anderen »schlechter«, »dümmer«, »unattraktiver« und dementsprechend »wertloser« sei. Sie begann diese alten Denkmuster zunehmend in Frage zu stellen. Warum sollte sie weniger wert sein als andere Menschen? Wer oder was bestimmt über den Wert eines Menschen? Ihr wurde deutlich, dass es sich um willkürliche Bewertungen handelt und dass es ihre eigenen Bewertungen sind, mit denen sie sich ihr Leben bisher sehr schwer gemacht hatte. Sie entschied sich dafür, intensiv an der Überwindung der alten Selbstentwertungen zu arbeiten. Das Ergebnis dieses therapeutischen Prozesses wurde in einen persönlichen Leitsatz gefasst: »Ich bin genauso wertvoll, wie andere Menschen auch.«

• Soziales Kompetenztraining: Unter »sozialer Kompetenz« wird die Fähigkeit verstanden, mit anderen Menschen in angemessener Weise in

Kontakt treten und kommunizieren zu können. Aufgrund ihrer sozialen Ängste hatte sich Frau K. sehr zurückgezogen. Ihre Isolation bewirkte, dass ihre sozialen Fähigkeiten mehr und mehr verkümmerten. Sie war es nicht mehr gewohnt, auf andere zuzugehen, Gespräche anzufangen, um etwas zu bitten, Konflikte offen auszutragen usw. Die mangelnde Erfahrung führte dazu, dass sie sich noch stärker zurückzog: Der Kreis war geschlossen. Sie konnte sich beispielsweise nicht vorstellen, ein Restaurant zu betreten, da »alle sie anschauen würden, und das wäre unerträglich peinlich.«. Um ihre sozialen Fähigkeiten zu verbessern, wurde mit ihr ein soziales Kompetenztraining durchgeführt. Dabei werden in Rollenspielen bestimmte soziale Situationen durchgespielt. Zunächst übernimmt der Therapeut die Rolle der Patientin und demonstriert, wie beispielsweise jemand angesprochen und um etwas gebeten werden kann. Der Therapeut dient als ein Modell für ein neues Verhalten. Dann erfolgt ein Rollenwechsel und die Patientin übt das neue Verhalten so lange in der Therapie, bis es ihr vertraut ist. Der nächste Schritt besteht darin, dass sie die neu erworbene Fähigkeit in realen Alltagssituationen erprobt und übt. Frau K. war an dem sozialen Kompetenztraining sehr interessiert und lernte u. a., sich für jeden – ihr vielleicht auch nur klein erscheinenden – Fortschritt selbst zu loben.

- Progressive Relaxation: Sie erlernte die Progressive Relaxation und war damit bereits nach einigen Übungen in der Lage, sich tief zu entspannen. Da sie sich meist in einem Zustand innerer Anspannung befunden hatte, war dies für sie eine sehr wichtige neue Erfahrung. Sie konnte ihr Gefühl der Hilflosigkeit überwinden und war in der Lage, selbst etwas gegen Gefühle unangenehmer Spannungen und Angst zu unternehmen. Diese Erfahrung von Selbstwirksamkeit stärkte bereits ihr Selbstwertgefühl und machte ihr Mut, die therapeutische Arbeit fortzusetzen.

- Übungen mit dem persönlichen Leitsatz: Während des am Ende der jeweiligen Übung erreichten vertieften Ruhezustandes konzentrierte sie sich auf den neu erarbeiteten positiven persönlichen Leitsatz: »Ich bin genauso wertvoll, wie andere Menschen auch.« Gedanken, auf die man sich in möglichst tiefer Entspannung konzentriert, sind eingängiger und bedeutsamer für das Erleben. Sie bleiben besser im Gedächtnis und beeinflussen dadurch das Bewusstsein. Um es in einem bildhaften Vergleich auszudrücken: Wenn man einen Satz auf ein bereits fast voll geschriebenes Blatt Papier schreibt, dann ist es ein Satz unter vielen, der nicht besonders auffällt. Wenn man aber ein vollständig leeres Blatt nimmt und hierauf in großer Schrift den gleichen Satz schreibt, dann sticht er förmlich ins Auge.

- Konfrontation und Probehandeln in sensu: Der am Ende der Entspannungsübungen erreichte Ruhezustand wurde genutzt, um Angstkonfrontationsübungen und Probehandeln in sensu (also in der Vorstellung) durchzuführen. In der vertieften Entspannung verbessert sich in aller Regel die Vorstellungsfähigkeit. Dies stellte auch Frau K. fest. Beispielsweise wurde sie angeleitet, sich vorzustellen, dass sie allein in eine Gaststätte geht, sich an einen freien Tisch setzt und sich etwas bestellt. Diese Übung wurde einige Male wiederholt, bis sie diese Vorstellung angstfrei ertragen konnte.

- Konfrontation in vivo: Nachdem Frau K. sich durch die Vorstellungsübungen auf das erwünschte, neue Verhalten vorbereitet hatte, ging sie dazu über, das Erlernte in die Realität (also in vivo) umzusetzen. Dem obigen Beispiel entsprechend ging sie tatsächlich allein in eine Gaststätte. Die mentale Vorbereitung half ihr, das Vorhaben in die Realität umzusetzen und nicht wie früher im letzten Moment aufzugeben. Da die Gaststätte allerdings ziemlich voll war, fand sie keinen freien Tisch. Statt wie früher, das Lokal fluchtartig zu verlassen, überwand sie ihre Hemmungen und Angst und fragte, ob sie sich an einem mit jungen Leuten besetzten Tisch dazusetzen dürfe. Sie wurde freundlich willkommen geheißen. Sie bestellte sich etwas zu essen und zu trinken. Es entwickelte sich ein längeres Gespräch mit ihren Tischnachbarn, so dass sie einen interessanten und schönen Abend erlebte. Durch diesen Erfolg war sie ermutigt und sehr daran interessiert, weitere soziale Aktivitäten zu unternehmen. Mithilfe des mentalen Probehandelns schaffte sie es, ihr Leben nach und nach grundlegend zu verändern. Sie ging in Gaststätten, Kinos, Diskos und besuchte einen Kurs an der Volkshochschule. Außerdem trat sie in ein Fitness-Studio ein, wo sie mehrere nette Leute kennen lernte, mit denen sich eine Freundschaft entwickelte.

Stress- und Angstbewältigung durch differenzielle Entspannung
Sie lernte mit Hilfe von Kurzformen der Progressiven Relaxation, sich in immer kürzerer Zeit zu entspannen. Schließlich war sie mithilfe der »differenziellen Entspannung« und des »body scanning« (s. S. 91 f.) in der Lage, sich auch in Alltagssituationen, z. B. bei ihrer Arbeit an der Kasse des Supermarktes zu entspannen. Diese neue Fähigkeit wirkte zum einen entängstigend. Zum anderen fühlte sie sich selbstbewusster, da ihr eine weitere eigene Möglichkeit zum Spannungs- und Angstabbau zur Verfügung stand.

Spezifische Phobien: Erlernte Angstreaktionen

Bei der Agoraphobie und auch bei der Sozialphobie werden in der Regel viele verschiedene Situationen als beängstigend erlebt. Dagegen reagieren Menschen, die unter einer spezifischen Phobie leiden, mit unangemessen starken Ängsten auf klar umschriebene Situationen und/oder Objekte.

Die Phobien können sich auf die unterschiedlichsten Lebensbereiche beziehen:

- natürliche Umgebung: u. a. Tiere, Gewitter, Wasser;
- Verletzungen, medizinische Eingriffe: Blut, Spritzen, Ärzte, Untersuchungen, Eingriffe;
- Situationen: Auto fahren, Fliegen, Aufenthalt auf hohen Brücken und Türmen, Aufzug fahren, Tunnel, enge Räume.

Ängste treten nicht nur bei der Konfrontation mit den gefürchteten realen Situationen, Objekten oder Tieren auf. Vielmehr reichen die Erwartung oder allein schon die Vorstellung einer Begegnung für die Auslösung von Angstreaktionen aus.

Dementsprechend kommt es bei spezifischen Phobien in aller Regel zu folgenden Phänomenen:

- Sowohl die tatsächliche als auch die phantasierte Konfrontation mit gefürchteten Situationen, Objekten oder Tieren führen zu Angstreaktionen.
- Die Betroffenen bemühen sich meist um eine Vermeidung der befürchteten und oft auch ähnlicher Situationen.
- Das Angst-Erleben und das Vermeidungsverhalten können auf Dauer zu Beeinträchtigungen der Alltagsbewältigung und der Lebensqualität führen.

Das erste lernpsychologische Angstexperiment

Spezifische Phobien werden meist aufgrund »schlechter Erfahrungen« und Schrecksituationen erlernt. Dieser Vorgang wurde Anfang des 20. Jahrhunderts experimentell demonstriert: Ein zweijähriger Junge wurde in einem Untersuchungsraum mit einer zahmen Ratte konfrontiert. Der kleine Albert zeigte zunächst keinerlei Angstreaktionen und wandte sich dem »netten Tier« interessiert zu. In der nächsten Phase des Experiments verursachte der Untersuchungsleiter immer dann einen starken Krach, wenn der Junge mit der Ratte zusammentraf. Auf diesen Lärm reagierte dieser mit starkem Erschrecken und Weinen. Nachdem dieser Vorgang mehrfach wiederholt worden war, wurde dem Jungen nur noch die Ratte präsentiert, ohne dass Krach erzeugt wurde. Aber bereits das Auftauchen der Ratte reichte aus, bei dem Jungen die Angstreaktion hervorzurufen.

Man bezeichnet diesen Vorgang als »klassische Konditionierung«. Es gibt bestimmte Reize, die zu vorgegebenen angeborenen Reaktionen führen. Ein derartiger »unkonditionierter« Reiz ist für kleine Kinder plötzlicher Lärm. Hierauf reagieren sie mit einer »unkonditionierten Reaktion«, nämlich Erschrecken und Angst. Wenn ein unkonditionierter Reiz wiederholt in Verbindung mit einem völlig beliebigen unkonditionierten Reiz (zum Beispiel der Ratte) auftritt, dann kann schließlich auch der zunächst neutrale konditionierte Reiz (also in diesem Fall die Ratte) Angst auslösen.

Es kann davon ausgegangen werden, dass viele Phobien bereits in der Kindheit durch Konditionierungsprozesse zu Stande kommen. Wenn derartige Vorgänge mehrfach geschehen, ist die Entwicklung einer Phobie besonders wahrscheinlich.

Fallbeispiel

Ein Freund des Autors leidet unter einer Spinnen-Phobie. Da er selbst nur selten mit Spinnen in Kontakt kam und »im Falle eines Falles« seine Frau die Spinne »entsorgte«, gab es für ihn keinen Grund, sich in therapeutische Behandlung zu begeben. Er wollte seiner kleinen Tochter allerdings die Entwicklung einer derartigen Angststörung ersparen. Aus diesem Grund »riss er sich mächtig zusammen«, um ihr beim Auftauchen einer Spinne nicht seine Angst zu zeigen. Im Gegenteil zwang er sich dazu, ganz freundlich und positiv über die Spinnen zu sprechen, denen er den Namen »Lisa« (Vorname seiner Schwiegermutter) gab. Dieses Verhalten führte dazu, dass seine Tochter nicht nur keine Angst vor Spinnen entwickelte, sondern sie fand Spinnen sogar sehr interessant und nett. Während eines Urlaubs kam es dann jedoch zu folgender Begebenheit: Im Garten war einer Bekannten eine größere Spinne auf die Schulter gekrabbelt. Als das Mädchen die Bekannte darauf aufmerksam machte, dass sie eine »schöne große Lisa« auf der Schulter hätte, sprang diese entsetzt auf, schrie in schrillen lauten Tönen vor Angst und schlug mit den Händen wild um sich. Das Ergebnis war, dass auch das Mädchen sich erschreckte, ebenfalls aufsprang und in Panik zu ihren Eltern lief. Seitdem zeigte sie auch Angstreaktionen, wenn sie auf die zuvor »so netten Lisas« stieß. Da allerdings der Vater sein Verhalten durchhielt und weiterhin keine Ängste beim Auftauchen von Spinnen zeigte, klangen die Ängste seiner Tochter schließlich wieder ab.

Angst durch Modell-Lernen

Neben der geschilderten klassischen Konditionierung kann auch beim Erlernen von Angstreaktionen das Modell-Lernen eine Rolle spielen. Darunter versteht man, dass ein bisher nicht gezeigtes Erleben und Verhalten durch Beobachtung einer »Modellperson« (oft die Eltern, Geschwister, Freunde, Autoritätspersonen) übernommen wird. Es liegt nahe, dass ein Kind beispielsweise ein kleines Tier als gefährlich einzuschätzen lernt, wenn sogar die »als groß und mächtig« erlebten Eltern und andere Erwachsene mit Panik reagieren.

Genetisch vorbereitetes Lernen

Untersuchungen zeigen, dass sich prinzipiell alle möglichen spezifischen Phobien durch die Prinzipien der klassischen Konditionierung und des Modell-Lernens konditionieren (also erzeugen) lassen. Interessanterweise eignen sich jedoch bestimmte Situationen, Objekte und Tiere besser als andere für die Entwicklung von Phobien. Beispielsweise entwickeln sich Tier-Phobien vor allem vor Ratten, Mäusen, Schlangen und Spinnen. Bei anderen Tieren treten dagegen Phobien wesentlich seltener auf. Möglicherweise spielen entwicklungsgeschichtliche Erfahrungen der Menschheit eine Rolle, so dass eine gewisse Bereitschaft zur Entwicklung von Ängsten vor bestimmten Tieren angeboren sein könnte. Es wird hierbei von einem »genetisch vorbereiteten« Lernen gesprochen.

Verlernen von Angst: Habituation

Die oben beschriebene klassische Konditionierung und das Modell-Lernen können demnach zur Erklärung für die Entstehung von Phobien herangezogen werden. Dabei ist für die Therapie des Angstsyndroms wichtig, dass konditionierte Angstreaktionen auch wieder verlernt werden können. Dieser Vorgang wird in der Lernpsychologie als »Löschung« bezeichnet. Eine derartige Löschung der Angstreaktion wurde bereits am Beispiel der Spinnenangst kurz beschrieben. Da der Vater seine Tochter auch nach der »konditionierten Angstreaktion« weiterhin mit Spinnen konfrontierte und dabei ruhig und gelassen blieb, klang die Furcht des Mädchens mit der Zeit wieder ab. Die Konditionierung wurde schwächer, weil nicht erneut ein (unkonditionierter) Angst auslösender Reiz (z. B. lautes, panikartiges Erschrecken eines Erwachsenen) auftrat. Das Mädchen begann wieder zu lernen, dass Spinnen nicht mit bedrohlicher Gefahr verbunden, sondern harmlose kleine Lebewesen sind.

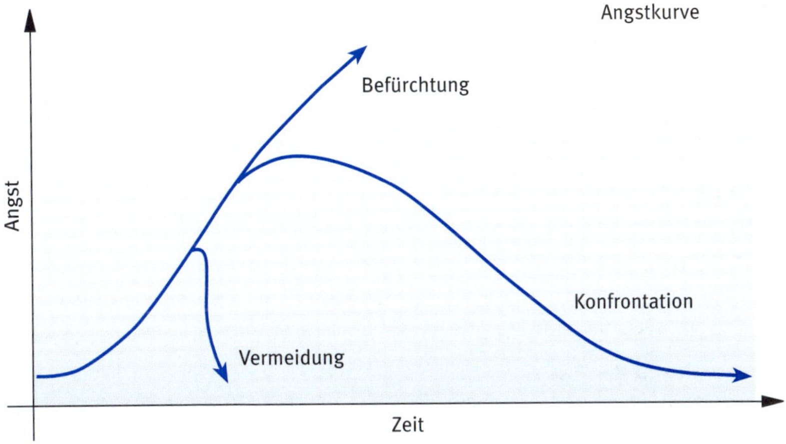

Abb. 3: Angstkurve

Dieser Vorgang des Verlernens von Angst wird als »Habituation« bezeichnet. Der Lernvorgang der Habituation setzt immer dann ein, wenn sich jemand mit einem zunächst Angst auslösenden, aber harmlosen Reiz (Situation, Tier) konfrontiert. Es kommt hierbei zu einem typischen Verlauf der Angst. Zunächst steigt sie bis zu einem bestimmten Ausmaß an. Wenn die Konfrontation mit dem zwar ängstigenden, aber harmlosen Reiz weiter aufrecht erhalten wird, beginnt sie »von selbst« wieder abzuklingen. Nach einer mehr oder weniger langen Zeitspanne bleibt keine oder nur noch ein sehr geringes Ausmaß an Angst übrig.

Der typische Verlauf der »Angstkurve« (Abbildung 3) ergibt sich aus folgendem Grund: Zunächst löst beispielsweise eine Spinne die konditionierte Angstreaktion bei dem oben genannten Mädchen aus. Falls es nicht wegläuft, sondern in der Situation verbleibt, wird es feststellen, dass nichts Schreckliches geschieht. Da die Angstreaktion keine Nahrung erhält, beginnt sie nach einer gewissen Zeit abzuklingen, bis es schließlich langweilig wird, mit so einem kleinen Tier herumzusitzen.

Der Prozess der Habituation kann unterschiedlich lange dauern. Bei noch »frischen« Phobien, die noch nicht durch lange Dauer und Vermeidungs-

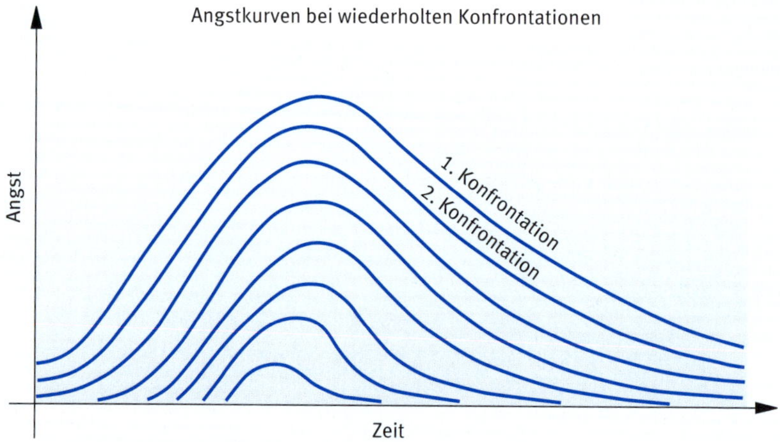

Abb. 4: Angstkurven bei wiederholten Konfrontationen

verhalten verfestigt sind, kann das Verlernen unter Umständen innerhalb von Minuten erfolgen. Anders ist es meist bei jahre- oder jahrzehntelang bestehenden Phobien. Hier kann es bisweilen Stunden dauern, bis unangemessen starke Ängste vor harmlosen Reizen abklingen. Meist reicht auch kein einmaliger Habituationsprozess. Vielmehr muss die Konfrontation mit dem zwar harmlosen, aber Angst auslösenden Reiz oft wiederholt werden.

Hierbei ergibt sich in aller Regel der in Abbildung 4 dargestellte Verlauf. Bei der ersten Reizkonfrontation kommt es zu einer relativ intensiven Angstreaktion, die lange anhält, bevor sie dann abklingt. In den darauf folgenden wiederholten Konfrontationen treten zwar ebenfalls Reaktionen auf, diese fallen jedoch sowohl in der Intensität als auch in der Dauer geringer aus. Bei häufiger Wiederholung der Reizkonfrontation tritt schließlich keine oder nur noch eine geringe Angstreaktion in Verbindung mit dem ursprünglichen Angstreiz auf. Bleibt die Furcht aus, ist eine vollständige Habituation gelungen.

Vermeidungsverhalten: Der Konfrontation aus dem Wege gehen

Das bereits mehrfach erwähnte Phänomen des Vermeidungsverhaltens soll in diesem Zusammenhang noch einmal näher beleuchtet werden. Die oben geschilderte klassische Konditionierung und das Modell-Lernen sind als Auslöser für Angststörungen anzusehen. Diese Phänomene erklären jedoch nicht, warum derartige Störungen fortbestehen oder sich häufig sogar verschlimmern. Eigentlich wäre zu erwarten, dass Ängste vor im Grunde harmlosen Reizen mit der Zeit wieder abklingen. Dies ist jedoch in aller Regel nicht der Fall.

Hierfür ist vor allem das meist spontan gezeigte Vermeidungsverhalten verantwortlich. Auf den an sich harmlosen Angstreiz (z. B. kleine Spinne) wird genauso wie auf eine reale Gefahrensituation reagiert. Daher versucht der Betroffene, der Konfrontation mit dem harmlosen Reiz auszuweichen. Dieses Verhalten hat wichtige lernpsychologische Konsequenzen: Wenn die Konfrontation mit dem Reiz befürchtet wird, kommt es natürlich zu einem Anstieg der erlebten Furcht. Wird die beunruhigende Situation anschließend vermieden, klingt die Angst relativ rasch wieder ab (siehe Abbildung 2). Dies wird meist als Erleichterung erlebt.

In der Lernpsychologie ist das Phänomen bekannt, dass Verhaltensweisen verstärkt auftreten, wenn sie belohnt werden. So kann man beispielsweise einem Hund kleine Kunststücke beibringen, indem man ihm jeweils einen Leckerbissen gibt, unmittelbar nachdem er das gewünschte Verhalten gezeigt hat. Dieses Lernprinzip wird als »operante Konditionierung« bezeichnet. Auf ähnliche Weise wird das Vermeidungsverhalten für das rasch einsetzende Abklingen der Angst belohnt. Wir sprechen in diesem Fall von einer »Verstärkung« des Vermeidungsverhaltens aufgrund der Verminderung der erlebten Angst. Diese sich im Laufe der Zeit sehr häufig wiederholende operante Konditionierung führt zu einer zunehmenden Festigung des Vermeidungsverhaltens.

Sowohl das Ausbleiben der Habituation als auch die ständige Verstärkung des Vermeidungsverhaltens führen im Laufe der Zeit zu einer zunehmenden Verfestigung der Angststörung.

Fallbeispiel

Herr A. ist als Meister in einem großen Industriebetrieb tätig. Er arbeitet im Schichtdienst und überwacht Maschinen, die auch in der Nacht laufen. Während eines Nachtdienstes erlitt er gegen Mitternacht einen Betriebsunfall. Wegen eines Stromausfalles hatte sich das Notstromaggregat eingeschaltet, aber dieses funktionierte nicht ordnungsgemäß. Er versuchte es abzustellen, was jedoch nicht gelang. Offensichtlich lief das Aggregat derart heiß, dass es zu einer Explosion im Kühlwasserkreislauf kam. Hierbei wurde Herr A. mit heißem Wasser verbrüht. Normalerweise ist er um diese Uhrzeit allein in dem Werk. Zufälligerweise war in dieser Nacht jedoch ein Kollege anwesend, der sofort einen Krankenwagen rief. Herr A. wurde in der Notaufnahme behandelt und konnte bereits am nächsten Tag wieder nach Hause entlassen werden.

Der Heilungsprozess ging so gut voran, dass er wegen der Verbrühungen nur 14 Tage lang arbeitsunfähig war. Allerdings musste er danach oft an die Explosion denken, sowohl während der Arbeitszeit als auch nachts vor dem Einschlafen. In der ersten Zeit hatte er wegen der Hautverbrühungen starke Schmerzen. Besonders quälend waren Angstgefühle, die sich mit dem Schock beim Arbeitsunfall eingestellt hatten. Er entwickelte starke Angst vor Generatoren. Die Furcht weitete sich bald auch auf andere größere Maschinen aus. Sie war besonders stark, wenn er allein arbeitete. Insbesondere dem Bereitschaftsdienst mit wechselnden Einsatzstellen und Nachtdiensten fühlte er sich in keiner Weise mehr gewachsen. Der Schock steckte ihm tief in den Knochen. Er ließ sich von den Nachtdiensten freistellen. Außerdem vermied er es, in die Nähe des inzwischen reparierten Generators zu gehen. Da es nicht möglich war, dass Kollegen ihm einen Teil seiner Arbeit abnahmen, geriet er unter immer stärkeren Druck. Die Angst war schließlich so groß, dass er sich nicht mehr zur Arbeit traute. Er wandte sich in seiner Not an die Betriebsärztin. Diese erkannte, dass sich bei ihm aufgrund des Unfalles eine Phobie vor großen Maschinen entwickelt hatte und schlug eine Verhaltenstherapie vor.

• Therapeutisches Vorgehen: In den Therapiegesprächen stellte sich heraus, dass der Patient vor dem Unfall unter starkem Druck stand. Der Industriebetrieb macht eine gravierende Umstrukturierung durch, bei der sehr viel Personal abgebaut wird. Zum einen steigt die Arbeitsbelastung ständig an. Zum anderen lastet die Angst auf den Mitarbeitern, den Arbeitsplatz jederzeit verlieren zu können. Aber auch privat hatte er nicht den Rücken frei. Seine Frau ist mit dem Leben auf dem Dorf völlig unzufrieden. Sie fand in der dörflichen Gemeinschaft keinerlei Anschluss und fühlt sich einsam. Sie möchte daher in die 40 Kilometer entfernte größere Stadt ziehen, in der sie auch vor der Ehe lebte. Es gab wegen dieses Konfliktes ständig Streit, weshalb seine Frau bereits kurzzeitig zu ihren Eltern gezogen war und eine Scheidung ins Auge fasste.

Klärung der beruflichen und privaten Situation/Abbau von Überlastungen: In Zusammenarbeit mit der Betriebsärztin wurde Herr A. für zwei Monate von den Nacht- und Wochenendschichten befreit. Dies erlebte er als eine große Entlastung. Außerdem konnte geklärt werden, dass sein Arbeitsplatz auf absehbare Zeit nicht gefährdet ist.

In die Therapiegespräche wurde auch die Ehefrau einbezogen. Während sie sich bislang fast unversöhnlich gegenübergestanden hatten und sich die Fronten ständig verhärteten, kamen sie nach langer Zeit wieder in ein konstruktives Gespräch. Auf der Grundlage des gewachsenen gegenseitigen Verständnisses war es dann möglich, nach geeigneten Kompromissen zu suchen. Der Sohn will im kommenden Jahr eine Berufsausbildung in einer ca. 100 km entfernten Großstadt antreten. Die Tochter wird in etwa 1 ½ Jahren in einer entfernten Universitätsstadt ein Studium aufnehmen und ebenfalls ausziehen. Die Ehepartner einigten sich darauf, dass sie nach dem Auszug der Kinder in der Betriebswohnung bleiben und dann in der nächstgelegenen Stadt eine kleinere, bezahlbare Wohnung suchen wollen. Das Aufarbeiten des chronischen Konfliktes und dieser Kompromiss führten zu einer Entspannung und zu einer deutlichen Verbesserung der Beziehung.

- Antiangstgedanke und Progressive Relaxation: Die Verknüpfung zwischen dem Generator und dem Angst-Gefühl musste aufgelöst werden. Ihm war klar, dass seine Ängste unrealistisch waren. Der Generator war fachmännisch in Stand gesetzt und die anderen Maschinen waren ebenfalls in Ordnung. Er glaubte, die Konfrontation mit dem Generator und anderen Maschinen nicht aushalten zu können. Aus diesem Grund wurde mit ihm ebenfalls ein Antiangstgedanke erarbeitet. Als besonders passend empfand auch Herr A. den Vorsatz: »Ich bin gesund genug, es auszuhalten!«

Durch das Einüben der verschiedenen Formen der Progressiven Relaxation war er schließlich in der Lage, sich innerhalb weniger Minuten tief zu entspannen. Es gelang ihm, sich mithilfe des Signalwortes »loslassen« innerhalb von Sekunden zu entspannen.

- Konfrontation und Probehandeln in sensu: Als dies erreicht war, wurde die Konfrontation mit dem besonders starke Angst auslösenden Notstromaggregat ins Auge gefasst. Da er sich der direkten Umsetzung dieser Aufgabe in keiner Weise gewachsen sah, wurde die Konfrontation zunächst in der Vorstellung (in sensu) geübt. Hierbei entspannte er sich zunächst mithilfe der Progressiven Relaxation. Dann wurde ihm vom Therapeuten die folgende Situation geschildert: »Stellen Sie sich vor, dass Sie sich entschlossen haben, sich mit dem Notstromaggregat direkt zu konfrontieren. Sie gehen zu dem Raum, in dem das Gerät steht. Es kann sein, dass Sie Angst verspüren. Sie sagen sich »Ich bin gesund genug, es auszuhalten«. Mit diesem Gedanken geben Sie sich einen Ruck und gehen hinein. Sie gehen weiter und weiter, immer dichter an den Generator heran. Dabei sagen Sie sich den Satz »Ich bin gesund genug, es auszuhalten«. Es kann sein, dass Ihre Angst ansteigt, aber Sie sind in der Lage, dies auszuhalten. Vielleicht ist es auch eine Hilfe, die Aufmerksamkeit nach außen zu wenden und möglichst genau alles zu beobachten, was an dem Generator und in dem Raum zu sehen … und zu hören … ist. Vielleicht liegt auch ein besonderer Geruch in der Luft. Spüren Sie, wie sich der Boden unter Ihren Füßen anfühlt. Achten Sie darauf, was passiert. Sie werden feststellen, je länger Sie sich dieser Situation stellen, desto mehr wird die Angst abklingen. Dies können Sie auch dadurch unterstützen, dass Sie Ihre Muskeln ganz locker lassen. Falls Sie irgendwo eine Anspannung spüren, diese ganz loslassen und sich mithilfe des Signalwortes »loslassen« mehr und mehr lockern und lösen. So konfrontieren Sie sich länger und länger. Sie können vielleicht feststellen, dass die Angst immer mehr abklingt. Am besten ist es, wenn Sie so lange in dem Raum bleiben, bis die Angst von alleine ganz abklingt. Wenn es dann soweit ist, fühlen Sie sich voller Freude und Stolz darüber, dass Sie diese selbst gesetzte Aufgabe bewältigt haben. Sie sagen sich: »Das habe ich gut gemacht! Ich freue mich über meinen Erfolg!«

Herr A. berichtete, dass er sich in der Entspannung die geschilderte Situation gut vorstellen konnte und dass er tatsächlich auch zunächst starke Angst verspürte. Er bemerke dann, dass diese bereits nach recht kurzer Zeit abklang.

Durch die Übungserfahrung war er ermutigt, die Konfrontation auch in der Realität zu suchen (Konfrontation in vivo). Bereits am nächsten Tag fuhr er abends noch einmal in den Betrieb und konfrontierte sich mit dem Notstromaggregat. Er war überrascht darüber, dass der Verlauf tatsächlich fast genauso war, wie er es in der Vorstellung erlebt hatte. Die Angst stieg zunächst an, aber dann klang sie auch von alleine wieder ab. Er wiederholte die Übung in den nächsten Tagen mehrmals und stellte fest, dass die Angst bei jedem Mal eine geringere Intensität hatte und auch schneller abklang. Nach etwa fünf Wiederholungen spürte er kaum noch Angst, wenn er in den Raum mit dem Notstromaggregat ging. Für ihn war es sehr erstaunlich, dass gleichzeitig die Ängste vor anderen großen Maschinen abklangen. Er konnte wieder die Wartungsarbeiten an allen Maschinen vornehmen. Er traute sich auch den Einsatz im Nachtdienst wieder zu und nahm diesen wie geplant nach insgesamt zwei Monaten wieder auf.

Generalisierte Angststörung: Sorgen und Ängste bestimmen das Leben

Die generalisierte Angststörung (GAS) gilt als die häufigste Angsterkrankung. Übertriebene, unrealistische, lang anhaltende oder sogar permanente Sorgen und Ängste, die sich auf vielfältige Aspekte des Lebens beziehen, bestimmen das Krankheitsbild. Im Unterschied zur Panikstörung entwickelt sich die GAS meist langsam und hat keinen »anfallartigen« Charakter. GAS-Patienten machen sich fast den ganzen Tag Sorgen und leiden unter verschiedensten Ängsten. Obwohl kein konkreter Anlass besteht, denken sie mit ängstlicher Besorgtheit darüber nach, ob die Kinder heil zur Schule kommen, ob Familienangehörige schwer erkranken könnten, ob der Ehepartner einen schweren Autounfall erleiden könnte oder ob Vorgesetzte und Kollegen sie ablehnen könnten. Im Grunde bieten alle Ereignisse, insbesondere Situationen, die nicht völlig geklärt sind, Anlass zu ängstlichen und sorgenvollen Grübeleien.

Die chronische ängstliche Besorgtheit steht in Zusammenhang mit einer Vielzahl seelischer und körperlicher Symptome: Ruhelosigkeit, Schlafstörungen, Konzentrationsstörungen, leichte Erschöpfbarkeit, Reizbarkeit, Muskelverspannungen, Schwitzen, Herzrasen, Magen- und Darmbeschwerden, Übelkeit, Luftnot oder Schwindel.

Meist fällt die Störung erst im frühen Erwachsenenalter auf. Viele Patienten berichten jedoch davon, dass sie bereits in der Kindheit und Jugend sehr ängstlich und angespannt waren. Eine GAS wird diagnostiziert, wenn die oben genannten Symptome länger als sechs Monate anhalten.

Wie entsteht eine generalisierte Angststörung?

Wie bei vielen anderen psychischen Erkrankungen auch geht man bei der GAS davon aus, dass für die Entstehung sowohl genetische als auch Umweltfaktoren eine Rolle spielen können. Menschen bringen eine gewisse genetisch bedingte Verletzbarkeit mit, auf deren Grundlage die Störung durch Stressbelastungen ausgelöst werden kann (dieser Erklärungsansatz wird als Diathese-Stress-Modell bezeichnet). Allerdings ist die Verletzbarkeit nicht unbedingt nur durch das Erbgut vorgegeben. Besonderheiten in der Art des Denkens können ebenfalls zu einer erhöhten

Verletzlichkeit führen und damit eine GAS wahrscheinlicher machen. Hierbei geht es vor allem um eine Neigung zu Katastrophisierungen, die im Laufe des Lebens erlernt worden ist. Eltern, die sehr ängstlich mit ihren Kindern umgehen und in vielen Lebensbereichen eine katastrophisierende Haltung vorleben, können diese ungewollt auch ihren Kindern nahe bringen.

Solange das Leben ohne besondere Belastungen bleibt, wirkt sich die Neigung zu katastrophisierenden Verzerrungen möglicherweise nicht schädlich aus. Wenn jedoch unerwartete Lebenskrisen auftreten, besteht die Gefahr, dass die Neigung zu Katastrophisierungen eine konstruktive Bewältigung der Herausforderungen be- oder sogar verhindert. Das kann zur Auslösung einer GAS führen.

Wodurch wird die generalisierte Angststörung aufrecht erhalten?

Wie bei den anderen Angststörungen auch spielt interessanterweise das Vermeidungsverhalten eine wichtige Rolle. Die Neigung, sich ständig übertriebene Sorgen zu machen, stellt offenbar selbst eine Art Vermeidungsverhalten dar.

Diese auf den ersten Blick überraschende Sichtweise lässt sich an folgendem Beispiel verdeutlichen: Eine Mutter grübelt ständig darüber nach, ob die Kinder auch wirklich gesund, ohne Unfall und ohne entführt zu werden von der Schule nach Hause kommen. In ängstlicher Erwartung schaut sie häufig aus dem Fenster. Dieses Verhalten kann eine automatisierte und unbewusste Strategie sein, ein tiefer liegendes Angstgefühl zu überdecken. Das gedankliche Durchspielen aller nur denkbaren negativen Möglichkeiten und das ständige Ausschauhalten am Fenster können als Problemlösungsversuch angesehen werden. Das unbewusste Motto könnte lauten: Es ist besser, sich durch sorgenvolle Gedanken und durch vielleicht wenig sinnvolles Kontrollverhalten auf das Schlimmste vorzubereiten, als die Angst untätig auszuhalten.

Diese Art des Vermeidungsverhaltens wird durch übermäßig kontrollierende Verhaltensweisen noch deutlicher. So neigen GAS-Patienten z. B. dazu, sich durch häufige Anrufe bei Angehörigen und Freunden zu versichern, dass nichts Schlimmes passiert ist. Viele Betroffene halten es nur kurze Zeit aus, nichts von den Lieben zu hören. Die ersehnte Feststellung, dass alles in Ordnung ist, führt dann zu Erleichterung, die allerdings in aller Regel nur kurz anhält.

Sowohl die chronischen Sorgen als auch das übermäßige Kontrollverhalten können als Vermeidungsverhalten hinsichtlich tiefer liegender Ängste verstanden werden. Doch all dies schafft nur unmittelbar eine Entlastung, langfristig führt es zur Verstärkung des Sorgen- und Kontrollverhaltens und zu schweren seelischen und eventuell auch körperlichen Problemen. Erschwerend kommt hinzu, dass vielfach Angehörige und Freunde irgendwann die katastrophisierenden Schwarzmalereien nicht mehr hören mögen.

Nicht selten findet sich bei GAS-Patienten eine Neigung zum Perfektionismus. Auch hierin kann ein Vermeidungsverhalten gesehen werden, da das perfektionistische Verhalten vor Kritik, Fehlern und Beschämung schützen soll. Deshalb zeichnen sich diese Menschen meist durch besondere Ordentlichkeit, Sorgfalt und Pünktlichkeit aus.

Weitere Beispiele für Vermeidungsverhalten bei GAS:

- Kontoauszüge werden nicht geöffnet;
- dem Partner wird die Finanzverwaltung übertragen;
- Zeitungen werden nicht mehr gelesen;
- Nachrichten werden nicht mehr gehört;
- Gespräche über angstbesetzte Themen werden vermieden;
- Zuspätkommen, mögliche Fehler und Unordnung werden mit hohem Aufwand vermieden;
- Aufregungen werden allgemein umgangen und eine Schonhaltung wird eingenommen.

Therapeutisches Vorgehen

In der Therapie hat sich eine Kombination verschiedener verhaltenstherapeutischer Elemente bewährt:

- Angstabbau durch gezielte Information über Wesen, Verlauf und Behandlungsmöglichkeiten des Störungsbildes;

- Verringerung der vegetativen Übererregbarkeit und Verbesserung der Entspannungsfähigkeit;
- Veränderung von Angst auslösenden und Angst verstärkenden Denkmustern (u. a. Katastrophisierungen);
- Abbau von Vermeidungsverhalten;
- Verbesserung der Fähigkeit zur Bewältigung von Problemen und Alltagsbelastungen;
- Aufbau von »Anti-Angst«-Aktivitäten.

● Angstabbau durch Information

Ausführliche und verständliche Informationen über das Störungsbild und Therapiemöglichkeiten helfen den Betroffenen bisher unbekannte Zusammenhänge zu erkennen und Hoffnung in die Therapie zu setzen. Die Überzeugung, die generalisierte Angststörung besser durchschauen zu können und Ansatzpunkte für eine Veränderung zu sehen, helfen, Gefühle der Hilflosigkeit und »Angst vor der Angst« abzubauen.

● Verminderung der vegetativen Übererregbarkeit und Verbesserung der Entspannungsfähigkeit

Angst wirkt als starker Stressor und es kommt zur Reizung des vegetativen Nervensystems. Da dieses alle Organe steuert, kann es zu einer Vielzahl angstbedingter vegetativer Symptome kommen. Hierzu gehören zum Beispiel Herzklopfen, Schwitzen, Verspannung der Muskulatur und Magen- sowie Darmbeschwerden. Wie bereits beschrieben, kommt es nun leicht zu einem sich selbst verstärkenden Kreislauf: Aufgrund von Angst treten zwar harmlose aber unter Umständen unangenehme vegetative Symptome auf; diese wiederum werden ängstlich wahrgenommen und als gefährlich interpretiert. Die Folge: Eine Verstärkung der Angst, womit sich wiederum die vegetative Symptomatik verstärkt usw. Menschen unterscheiden sich hinsichtlich der Empfindlichkeit ihres vegetativen Nervensystems. Während es bei dem einen nur schwach reagiert, ist es beim anderen schnell in höchste Alarmbereitschaft versetzt. Auf diese Weise können konstitutionelle Faktoren eine Rolle bei der Entstehung von Angsterkrankungen spielen. Zusätzliche Stressbelastungen können das Angst-Erleben noch verstärken. Diese Zusammenhänge legen es nahe, dass die Verbesserung der Entspannungsfähigkeit und der Abbau vegetativer Übererregbarkeit basale therapeutische Maßnahmen darstellen.

- Veränderung Angst erzeugender Denkmuster

Gedanken, die unrealistische Ängste auslösen, sind meist über viele Jahre eingeschliffen worden und laufen automatisch ab. Sie schießen häufig so schnell durch den Kopf, dass sie kaum bewusst werden. Daher muss zunächst die Fähigkeit entwickelt werden, schnell ablaufende automatisierte Gedanken zu erkennen, die Angstgefühle hervorrufen oder verschlimmern. Bei GAS-Patienten fällt auf, dass ihre Gedanken plötzlich abreißen und dass angstbesetzte Situationen nicht zu Ende gedacht werden. Diese Tendenz des »Gedankenabreißens« kann als ein Vermeidungsverhalten angesehen werden, da tiefer liegenden Ängsten ausgewichen wird. In der Therapie wird der Betroffene daher angehalten, den abgebrochenen Gedankengang fortzusetzen und die beängstigende Situation zu Ende zu denken. Häufig wird den Patienten erst dann bewusst, dass es sich bei ihren Vorstellungen um überzogene und unrealistische Ansichten und Einschätzungen handelt. Eine typische Frage, die dem Betroffenen helfen kann, sich seiner automatisierten Angstgedanken bewusst zu werden, lautet: »Was genau befürchten Sie, was in dieser Situation schlimmstenfalls geschehen könnte?« Im Kapitel zur Kognitiven Verhaltenstherapie (S. 100 ff.) finden Sie ausführlichere Informationen zu diesem Thema.

Fallbeispiel

Herrn B., einem 43-jährigen Verwaltungsbeamten, gingen seit Monaten ständig ängstigende Gedanken durch den Kopf. Die Sorgen hatten sich in den letzten Wochen derart verstärkt, dass er völlig verzweifelt war. Er konnte den enormen Druck kaum mehr aushalten und dachte an Selbstmord.

Die genauere Befragung zeigt, dass Herr B. bereits in seiner Kindheit ein eher schüchterner, zurückhaltender und ängstlicher Junge war. Er wuchs als Einzelkind auf. Seine Mutter war bei seiner Geburt bereits 41, sein Vater 50 Jahre alt. Der Vater hatte im Krieg und in der Gefangenschaft schwere Verletzungen und Krankheiten erlitten, von denen er sich nicht wieder vollständig erholte. Er konnte wegen seiner angeschlagenen Gesundheit nur zeitweise arbeiten und wurde nach einigen Jahren vorzeitig berentet. Beide Eltern waren sehr still und in sich gekehrt. Angst war ein wichtiges Thema: Reichte das Geld bis zum Monatsende, würde es noch schlimmer mit den Krankheiten des Vaters, was würden die Nachbarn so denken? Die Eltern hatten große Angst, dass dem Jungen etwas Schlimmes geschehen könne, deshalb versuchten sie, ihn von vielen Aktivitäten wie z. B. Sport fern zu halten. Am besten war es, wenn er zu Hause bliebe. Da er ein guter und fleißiger Schüler war, kam er in der Schule gut voran, obwohl die Lehrer seinen fehlenden Einsatz im Unterricht bemängelten.

Nach dem Abitur begann er die Laufbahn eines Verwaltungsbeamten. Da alles sehr geordnet lief, kam er mit der Arbeit einigermaßen gut zurecht. Jetzt stand allerdings eine größere Verwaltungsreform bevor. Er war deshalb vor einigen Monaten in eine andere Abteilung versetzt worden und es würden weitere noch nicht absehbare Veränderungen kommen. Diese lösten in ihm massive Ängste aus. Er befürchtete, den neuen Aufgaben nicht gerecht werden zu können, obwohl er sich auf seinem neuen Arbeitsplatz bereits gut eingearbeitet hatte und seine Vorgesetzten mit ihm zufrieden waren. Aber würde er auch die noch kommenden Veränderungen meistern? Nein, das sei ganz ausgeschlossen, er würde sicher kläglich scheitern. Diese und ähnliche Gedanken gingen ihm ständig durch den Kopf. Er hatte das fast zwanghafte Bedürfnis, mit seiner Frau über seine vielfältigen Sorgen und Ängste zu sprechen. Für diese waren die »überzogenen Schwarzmalereien« und »Katastrophen-Szenarien« allerdings eine wachsende nervliche Belastung, so dass sie immer häufiger gereizt und abweisend reagierte. Ihr Verhalten gab Herrn B. wiederum Anlass, sich um seine Ehe die größten Sorgen zu machen.

Auffällig war, dass er sehr schnell von einer zur anderen Sorge überging, ohne einen Sachverhalt wirklich bis zu Ende durchzudenken. Er begann immer wieder von neuem, die gleichen Gedanken zu wälzen, um dann auf andere Themen überzugehen. Auf diese Weise entstand für ihn der Eindruck einer unendlichen Kette von Sorgen.

Im Verlaufe seiner Therapie der konsequenten Konfrontation und des Durcharbeitens von Sorgen anhand eines »Sorgendrehbuchs« wurde Herrn B. deutlich, dass die zu Beginn befürchtete soziale Verelendung und der zwangsweise Verkauf des Hauses unrealistische Annahmen sind. Am Ende des Lernprozesses war seine Angst bereits deutlich geringer geworden. Weitere Informationen und Hinweise zum Durchführen des Trainings »Mentales Konfrontationstraining bei generalisierten Angststörungen« finden Sie auf Seite 116 f.

Die ständigen sich im Kreis drehenden Sorgen, unter denen Menschen mit einer generalisierten Angststörung leiden, können als Vermeidungsverhalten angesehen werden. Bei einer ausreichend langen und wiederholten Konfrontation mit dem »schlimmsten Fall« kommt es allerdings zu einem Abklingen der Angst durch Gewöhnung (Habituation). Bei einer erfolgreich verlaufenden Konfrontation tritt zunächst starke Angst auf, die dann mit der Zeit in der Intensität abklingt. Die Erfahrung, quälende Sorgen bearbeiten und abbauen zu können, führt in aller Regel zu einer neuen Bewertung von Angst und Sorgen. Während zuvor meist Gefühle der Hilflosigkeit und Niedergeschlagenheit vorhanden waren, werden Ängste und Sorgen jetzt als kontrollierbar erlebt und verlieren so ihre Bedrohlichkeit.

Fallbeispiel

Frau S. ist 49 Jahre alt und hat sich »ihr Leben lang schon immer Sorgen gemacht«. Besonders schlimm ist dies allerdings geworden, als ihre einzige Tochter vor zwei Jahren auszog und sich eine eigene Wohnung nahm. Sie grübelt ständig darüber nach, ob die Tochter beruflich zurecht kommen, ihren Haushalt schaffen oder genug Essen im Kühlschrank haben würde, ob sich vielleicht Schwierigkeiten mit ihrem neuen Freund ergeben würden oder sie eventuell schwer krank werden könnte. Sie baut so kaum auszuhaltende ängstliche Spannung auf, die sich erst dann löst, wenn sie mit ihrer Tochter telefoniert oder sie besucht. Sie hat den Eindruck, dass ihre ständigen Telefonate und häufigen Besuche der Tochter lästig sind. Aber sie findet erst Ruhe, wenn sie weiß, dass es ihrer Tochter einigermaßen gut geht. Dementsprechend ruft sie die Tochter mindestens einmal am Tag an oder besucht sie.

In der Psychotherapie wurde der Patientin klar, dass es sich bei den ständigen Telefonaten und Besuchen um ein Vermeidungs- und Rückversicherungsverhalten handelt, wodurch sie zwar kurzfristig eine gewisse Erleichterung erreicht. Da allerdings jederzeit »etwas Schlimmes« passieren kann, fühlt sie sich dazu getrieben, immer häufiger zu kontrollieren, ob es ihrer Tochter auch wirklich gut geht.

Sie sieht ein, dass sie ihre Angst nur abbauen kann, wenn sie sich mit dieser auseinandersetzt und begreift, dass sie in der Lage ist, auch längere Zeiten ohne Kontakt mit der Tochter auszuhalten. Im Gespräch mit ihrem Therapeuten beschließt sie daher, ihre Tochter nur noch am Wochenende anzurufen oder zu besuchen. Sie füllt täglich einen Protokollbogen zu Konfrontationsübungen bei Vermeidungs- und Rückversicherungsverhalten aus (siehe Seite 92).

Das Selbsthilfe-Programm: Angst bewältigen lernen

In den vorangegangenen Kapiteln ging es um die Auseinandersetzung mit den vielfältigen Aspekten von Angst. Besonders wichtig ist hierbei die Unterscheidung von realistischen Ängsten, die letztendlich der Lebenserhaltung dienen und den unrealistischen Ängsten, die im Allgemeinen zu Einschränkungen der Lebensqualität führen oder Menschen sogar in die Verzweiflung treiben können.

Die Grenzen zwischen einer leichteren Befindlichkeitsstörung aufgrund von unrealistischen Ängsten und einer Angsterkrankung sind fließend. Häufig treten zunächst leichtere unrealistische Ängste auf. Bleiben diese aber unbehandelt, neigen sie zur Chronifizierung. Das heißt, die Ängste werden immer schwerer handhabbar – sie verselbstständigen sich. Außerdem nehmen unbehandelte unrealistische Ängste im Laufe der Zeit an Intensität zu und dehnen sich auf andere Lebensbereiche aus.

Um es in einem Bild auszudrücken: Wenn ein Steinbrocken an einem Abhang angestoßen wird, beginnt er zunächst langsam den Berg hinunter zu rollen. Je schneller und länger er rollt, desto schwerer ist er anzuhalten und desto mehr andere Steine reißt er mit sich. So ähnlich ist es mit dem Angstsyndrom: Erfahrungsgemäß lässt es sich im Anfangsstadium meist mit relativ geringem Aufwand abbauen. Deshalb sollte möglichst keine Zeit verloren und mit der aktiven Bewältigung sofort begonnen werden. Hierfür finden Sie in diesem Buch und auf der beiliegenden CD wichtige Informationen und Übungsvorschläge.

Wenn die Ängste jedoch schon seit vielen Jahren mit hoher Intensität bestehen, sich auf viele Lebensbereiche ausgedehnt haben und ein ausgeprägtes Vermeidungsverhalten vorliegt, ist die Bewältigung entsprechend aufwändiger. Aber auch in diesen Fällen gibt es heute effektive Hilfen, wobei wahrscheinlich ein ausschließlicher Selbsthilfeversuch nicht ausreicht, eine zufrieden stellende Besserung zu erreichen. In diesen Fällen ist es notwendig, sich in fachkompetente psychotherapeutische Einzeltherapie zu begeben.

In den folgenden Kapiteln stelle ich Ihnen ein Behandlungsprogramm zur aktiven Bewältigung von unrealistischen, die Lebensqualität einschränkenden Ängsten und Angststörungen vor. Grundlegendes Element dieses Programms ist die Progressive Relaxation. Hierbei handelt es sich um das in seinen positiven Wirkungen weltweit wissenschaftlich am besten abgesicherte Entspannungsverfahren. Die bewährte Methode der Progressiven Relaxation wird dazu an die besonderen Bedingungen bei der Angstbewältigung angepasst.

Es wird auf langjährige Erfahrungen mit der 1962 vom südafrikanischen Wissenschaftler Joseph Wolpe entwickelten Methode der Systematischen Desensibilisierung zurückgegriffen. Dieses auf der Progressiven Relaxation beruhende Verfahren ist das erste in seinen positiven Wirkungen wissenschaftlich belegte Verfahren zur Angstbewältigung. Da es ein relativ zeitaufwändiges Therapieverfahren ist, wird es heute allerdings nur noch selten angewandt.

Der schwedische Wissenschaftler Öst entwickelte in den 1980er-Jahren ein spezielles auf der Progressiven Relaxation beruhendes Therapieverfahren zur Angstbewältigung. Im Unterschied zur Systematischen Desensibilisierung lassen sich hiermit schneller Therapieerfolge erzielen. Elemente des von Öst als »Angewandte Entspannung« (Applied Relaxation) bezeichneten Verfahrens werden in das hier vorgestellte Selbsthilfeprogramm in modifizierter Form einbezogen. Ebenso gehen Erfahrungen und Ergebnisse mit ein, die mit dem von Suinn und Richardson in den 1970er-Jahren in Amerika entwickelten Angstmanagement-Training gesammelt wurden.

Erstes effektives Therapieverfahren: Die Systematische Desensibilisierung

Bis Ende der 1950-Jahre wurden mit den damals zur Verfügung stehenden Psychotherapieverfahren nur sehr unbefriedigende Behandlungsergebnisse bei Angststörungen erzielt. Die Therapeuten standen den zur Chronifizierung und Generalisierung neigenden Angststörungen weitgehend machtlos gegenüber. Der Wissenschaftler und Verhaltenstherapeut Joseph Wolpe bemühte sich um eine effektivere Behandlungsmethode. Dabei fiel ihm der enge Zusammenhang zwischen Angst und starker innerer Erregung auf, die wiederum körperliche Stressreaktionen wie z. B. schnelleren Puls, Anspannung der Muskulatur und Schwitzen zur Folge hat.

Er suchte nach Möglichkeiten, der Unruhe und Erregung etwas entgegen zu setzen. Dabei stellte er fest, dass Angst und Entspannung sich gegenseitig ausschließen. Als er auf das von Edmund Jacobson entwickelte Entspannungstraining der Progressiven Relaxation stieß, entwickelte er dieses Verfahren zu seiner Methode der systematischen Desensibilisierung von Ängsten weiter. Das Ziel der systematischen Desensibilisierung besteht darin, die Angstreaktion von Personen auf Angstreize zu verhindern und die Angst dadurch insgesamt abzubauen.

Schritt 1: Die Erstellung von Angsthierarchien

Gemeinsam mit dem Patienten erarbeitet der Therapeut eine Angsthierarchie. Dabei werden zunächst Angst auslösende Situationen gesammelt und anschließend hinsichtlich ihrer jeweiligen Intensität eingestuft. Auf diese Weise lassen sich Situationen in einer Skala von »sehr leichter« bis »extremer« Angst ordnen.

Fallbeispiel

Frau R. leidet unter einer Schlangenphobie. Sie hat nicht nur Angst vor lebendigen Schlangen. Auch Fotos und Fernsehsendungen über Schlangen versetzen sie in Unruhe. Das Ausmaß ihrer Furcht beschreibt sie für die einzelnen Situationen mithilfe von Zahlen zwischen 0 und 10, wobei eine 0 keine Angst und eine 10 extreme Angst bedeuten.

Es ergibt sich für sie folgende Angsthierarchie:

1. Foto eines Regenwurmes betrachten (Angstintensität 2)
2. Foto einer kleinen Schlange betrachten (3)
3. Foto einer großen Schlange betrachten (4)
4. Schlangen im Fernsehen oder auf Video sehen (5)
5. Eine natürlich aussehende Gummischlange betrachten (6)
6. Eine natürlich aussehende Gummischlange in die Hand nehmen (7)
7. Eine kleine lebendige Schlange beobachten (8)
8. Eine große lebendige Schlange beobachten (9)
9. Eine Schlange berühren (10)

Schritt 2: Systematische Desensibilisierung in der Vorstellung (in sensu)

Zunächst lernt Frau R., sich mithilfe der Progressiven Relaxation tief zu entspannen. Während der Entspannung stellt sie sich dann die verschiedenen Angst auslösenden Situationen vor. Dabei beginnt sie mit der Situation, die sie am wenigsten in Unruhe versetzt. In unserem Beispiel ist es das Foto eines Regenwurmes. Die Patientin wiederholt die Übung so lange, bis sie bei dieser Vorstellung völlig entspannt bleiben kann. Diese Art des Angstabbaues wird auch als Desensibilisierung bezeichnet. Erst dann wird zur nächsten Situation in der Angsthierarchie übergegangen. Auf diese Weise arbeitet sich die Patientin Schritt für Schritt weiter vor, bis sie sich auch die am meisten Angst auslösende Situation völlig entspannt vorstellen kann.

Schritt 3: Systematische Desensibilisierung in der Realität (in vivo)

Nachdem die Angsthierarchie in der Vorstellung (in sensu) abgearbeitet wurde, geht es im nächsten Schritt um die Konfrontation mit den realen Situationen oder Objekten (in vivo). Auch hier wird zunächst mit der am wenigsten Angst auslösenden Situation begonnen und die Konfrontation so oft wiederholt, bis keine oder nur noch sehr geringe Angst entsteht. Dann wird zu der nächsten in der Angsthierarchie folgenden Situation übergegangen. Dies wird so lange und so oft fortgesetzt, bis auch die am stärksten angstbesetzte Situation keine Furcht mehr auslöst. Dann ist eine vollständige Desensibilisierung der Angst erreicht.

Die Methode der systematischen Desensibilisierung war das erste auf der Lernpsychologie basierende Verfahren zur Therapie der Angst. Eine Vielzahl von wissenschaftlichen Studien belegt ihre Wirksamkeit. Der Nachteil der Methode ist allerdings, dass es relativ lange dauert, bis sich therapeutische Erfolge einstellen.

Die Erfahrungen mit der Systematischen Desensibilisierung führen zu folgenden Schlussfolgerungen:

- Entspannung hemmt Angst.
- Durch Konfrontation mit Angst auslösenden Situationen kann Angst abgebaut werden.
- Die Konfrontation kann zunächst in der Vorstellung (in sensu) erfolgen.
- Die Konfrontation in der Realität (in vivo) wird dadurch erleichtert.

Reizüberflutung: Direktes Konfrontationstraining in der Realität

Untersuchungen zeigen, dass das systematische Durcharbeiten der Angsthierarchie zum Erzielen therapeutischer Effekte nicht unbedingt notwendig ist. Es ist durchaus möglich, gleich mit relativ starken Angstreizen zu beginnen und dadurch das Verfahren abzukürzen. Als noch effektiver erwies sich die Methode des direkten Reizkonfrontationstrainings in der Realität (in vivo). Beginnt man mit dem am stärksten Angst auslösenden Reiz und nutzt dabei keine Möglichkeiten zur Angstreduktion (z. B. Entspannung), spricht man von »Flooding«. Diese Methode wird auch als Reizüberflutung bezeichnet.

Wie bereits beschrieben, kommt es zu einer deutlich spürbaren Gewöhnung des Organismus an den Angstauslöser, falls die Konfrontation ausreichend lange aufrecht erhalten wird. Wenn bereits eine in der Angsthierarchie hoch stehende, d.h. relativ starke Angst auslösende Situation durch wiederholte Konfrontation bewältigt wurde, fällt die Bearbeitung der mit geringeren Ängsten verbundenen Situationen relativ leicht. Oft lösen die in der Hierarchie niedriger stehenden Angstsituationen dann bereits bei der ersten Konfrontation keine oder nur noch geringe Angst aus. Aus diesem Grund gilt die Methode der direkten Konfrontation mit relativ stark Angst auslösenden Situationen als ein besonders zeitökonomisches Verfahren zur Angstbewältigung.

Der Nachteil der Reizüberflutung ist allerdings, dass diese Methode von vielen Patienten von vornherein als zu belastend abgelehnt wird. Aber auch wenn Angstpatienten sich auf diese besonders effektive Methode einlassen, kommt es leider in nicht wenigen Fällen zu Therapieabbrüchen. Trotz Unterstützung durch Verhaltenstherapeuten wird die Konfrontation aufgrund unerträglich wirkender Ängste in diesen Fällen nicht bis zum Abklingen der Angst aufrecht erhalten oder gar nicht erst begonnen.

Heute wählt man deshalb meist ein flexibles Verfahren. Ausgangspunkt ist stets eine umfassende Information über wichtige Aspekte der jeweiligen Angststörung. Dann sollte geprüft werden, ob eine direkte Konfrontation mit möglichst starken Angstauslösern möglich ist. Falls dies nicht sinnvoll erscheint, können anfangs auch leichtere Situationen bearbeitet werden. Man kann sich dann, ähnlich wie bei der Systematischen Desensibilisierung, zu den am meisten Angst auslösenden Situationen vorarbeiten. Häufig ist es hilfreich, die Konfrontation in der Realität durch Vorstellungsübungen vorzubereiten. Die Arbeit in kleinen Schritten hat den Vorteil, dass damit das Risiko von Therapieabbrüchen deutlich geringer und das Selbstbewusstsein durch Erfolgserlebnisse gestärkt wird. Dies ist ein sehr wichtiger Aspekt, da Angstpatienten häufig unter Hilflosigkeitsgefühlen leiden und in ihrem Selbstwerterleben deutlich beeinträchtigt sind.

Letztendlich ist vor allem eines wichtig: Die Bewältigung der unrealistischen Ängste soll gelingen, Leid abgebaut und die Lebensqualität wieder verbessert werden. Auf welchem Weg dies geschieht, ist dabei weniger wichtig. Ein amerikanisches Sprichwort sagt: »Nichts ist erfolgreicher als der Erfolg.«

Es bestehen folgende Möglichkeiten, um mit der Angstbewältigung zu beginnen:

- Reizüberflutung (Flooding) in der Realität (in vivo)
- Konfrontation in der Realität (in vivo) mit weniger stark angstbesetzten Situationen
- Reizüberflutung (Flooding) in der Vorstellung (in sensu)
- Konfrontation in der Vorstellung (in sensu) mit weniger stark angstbesetzten Situationen
- Einsatz von Entspannungstraining zur Bewältigung von Angst
- Veränderung des Denkens: Einsatz von Anti-Angst-Gedanken

Die Methode der Angewandten Entspannung

Wegen des vergleichsweise hohen Aufwandes verlor die Methode der systematischen Desensibilisierung an Bedeutung, obwohl mit ihr durchaus therapeutische Erfolge beim Abbau von Ängsten erzielt werden.

Die von Öst entwickelte Methode der angewandten Entspannung wird als eine Bewältigungstechnik angesehen, die der Patient in Angst auslösenden Situationen anwenden kann. Der Betroffene soll in die Lage versetzt werden, mithilfe der Entspannung möglicherweise auftretenden Ängsten entgegen zu treten. Er erlernt zunächst das Entspannungsverfahren und wird anschließend darin geschult, die bei Angst auftretenden körperlichen und seelischen Reaktionen möglichst frühzeitig wahrzunehmen. Auf diese Weise ist es möglich, sich bereits bei ersten Angstanzeichen zu entspannen und damit die Angst abzubauen.

Auch das von den amerikanischen Verhaltenstherapeuten Suinn und Richardson in den 1970er-Jahren entwickelte Angstmanagement-Training weist der Progressiven Relaxation eine wichtige Rolle zu. Es erfolgt zunächst die Konfrontation mit Angst auslösenden Situationen in der Vorstellung. Allerdings wird auf das zeitaufwändige Erstellen und Durcharbeiten von Angsthierarchien verzichtet und gleich mit relativ stark angstbesetzten Situationen begonnen.

Die Erfahrungen mit den modernen Varianten der Progressiven Relaxation zur Angstbewältigung erlauben folgende Schlussfolgerungen:

- Kurzentspannungsverfahren lassen sich als Gegenmittel in jeder Situation bereits beim Auftreten leichter Ängste einsetzen.
- Bei den Konfrontationsübungen muss die Angsthierarchie nicht Schritt für Schritt abgearbeitet zu werden. Vielmehr kann man bei relativ stark angstbesetzten Situationen beginnen und die Therapie auf diese Weise verkürzen.

Progressive Angstbewältigung: Befreiung von Ängsten

Im Folgenden steht ein Programm im Mittelpunkt, dass sich an neueren Forschungsergebnissen orientiert. Wesentliche Grundlage bildet dabei die systematische Führung eines Angst-Tagebuches, in dem zunächst der individuelle Ausgangszustand festgehalten wird.

Das Programm der progressiven Angstbewältigung beinhaltet das Entspannungsverfahren der **Progressiven Relaxation**, wobei ein spezielles Übungsprogramm für den Angstabbau zusammengestellt wird. Mithilfe von verkürzten Übungseinheiten wird die für die Entspannung benötigte Zeit derart verkürzt, dass schließlich innerhalb von Sekunden ein Zustand der Ruhe und Entspannung erreicht werden kann. Diese Fähigkeit können Sie zur frühzeitigen Bewältigung von Angstgefühlen einsetzen.

Mithilfe eines Trainings zur Verbesserung der Körperwahrnehmung, dem so genannten **body scan**, können Sie erreichen, dass Angstreaktionen und entsprechende körperliche Reaktionen schon zu Beginn ihres Entstehens wahrgenommen werden.

Die Methode der **differenziellen Entspannung** erlaubt es, sich jederzeit und bei jeder Aktivität so gut wie möglich zu entspannen. Hierdurch beugen Sie Überforderungen durch Stressbelastungen vor, die das Entstehen von Angst begünstigen. Auch die Art des Denkens wird mit einbezogen. Angst auslösende oder verstärkende **Denkmuster** (z. B. Katastrophisierungen) können erkannt und verändert werden.

Der Angstbewältigungsprozess kann zusätzlich durch die Anwendung von **Anti-Angst-Formeln** unterstützt werden.

Mithilfe von **Konfrontationsübungen in der Vorstellung** kann eine Gewöhnung an Angst auslösende Situationen und Objekte erreicht werden. Daran schließt sich der nächste Schritt, die **Konfrontation in der Realität** an.

Bausteine der Progressiven Angstbewältigung

- Angst-Tagebuch
- Progressive Relaxation
- Progressive Relaxation zur Stress- und Angstbewältigung
- Schulung der Körperwahrnehmung: body scan
- Differenzielle Entspannung zum Spannungsabbau im Alltag
- Erkennen und Verändern katastrophisierender Denkmuster
- Anti-Angst-Formeln
- Konfrontationsübungen in Gedanken (in sensu)
- Konfrontationsübungen in der Realität (in vivo)

Im Folgenden werden Sie die einzelnen Bausteine näher kennen lernen.

Angst-Tagebuch: Der Angst ins Auge sehen

Nachdem wir uns mit den Grundlagen und Erscheinungsformen des Angstsyndroms beschäftigt haben, ist es Ihnen wahrscheinlich möglich, Ihre Ängste besser zu verstehen und einzuordnen. Im nächsten Schritt geht es nun darum, die Ängste möglichst genau zu betrachten. Eine genaue Analyse ist eine Voraussetzung für die Veränderung und Bewältigung Ihrer Ängste. Um erfolgreich sein zu können, ist die Feststellung der Ausgangssituation von wesentlicher Bedeutung. Nach einigen Wochen ist es zudem sinnvoll, sich die Ausgangsposition noch einmal näher anzusehen. Oftmals stellen Sie dann fest, dass bereits überraschend viel erreicht und die Fähigkeit zur Angstbewältigung schon deutlich vorangeschritten ist.

Erfolgserlebnisse sind für einen neuen Umgangsstil mit Ängsten von großer Wichtigkeit. Hierbei spielt die Fähigkeit, sich selbst zu loben und sich über erreichte Erfolge zu freuen, eine zentrale Rolle. Stecken Sie Ihre Erwartungen und Ziele am Anfang nicht gleich so hoch, da Veränderungen in aller Regel in kleinen Schritten erfolgen. Halten Sie nicht nur nach herausragenden Erfolgen und Veränderungen Ausschau. Für den

Veränderungsprozess ist es viel günstiger, Ihr Bewusstsein für die realistischen kleinen Schritte zu schärfen.

Um die vielfältigen Facetten des Angstsyndroms wahrzunehmen und eine präzise Ausgangssituation zu erhalten, empfiehlt sich die tägliche Führung eines Angst-Tagebuches.

Tab. 2: Angst-Tagebuch

Datum/Uhrzeit	Angststärke	Situation	Körperliche Symptome	Gedanken und Gefühle	Verhalten

Nutzen Sie den Arbeitsbogen des Angst-Tagebuches, um Ihre Ängste genau zu dokumentieren. Folgende Punkte sollten Sie hierbei berücksichtigen:

- **Datum:** Tag und Uhrzeit
- **Situation:** Hier geht es um eine möglichst detaillierte Beschreibung der Situation, in der die Angst auftrat (z. B. Einkauf in einem überfüllten Kaufhaus)
- **Körperliche Symptome:** Notieren Sie die bei Angst aufgetretenen körperlichen Reaktionen (z. B. Herzrasen, Luftnot, Schwitzen, Muskelverspannungen)
- **Gedanken und Gefühle:** Beschreiben Sie möglichst genau, was in Ihnen vorgegangen ist. Welche Gedanken gingen Ihnen durch den Kopf (z. B. »Das hält mein Herz nicht aus«)? Haben Sie andere Gefühle außer Angst erlebt (z. B. Trauer, Ärger, Wut)?

- **Verhalten:** Was haben Sie in der Situation getan? (z. B. »Das Kaufhaus schnell verlassen«)
- **Angststärke:** Werten Sie die Stärke Ihrer Angst durch eine Zahl zwischen 0 und 10, wobei eine 0 keine und eine 10 extreme Angst bedeutet.

Durch tägliches Führen des Angst-Tagebuches werden Ihnen sicher auch sich wiederholende Muster und Zusammenhänge deutlich. Sie beginnen, sich Ihrer Angst direkt zu stellen und ihr ins Gesicht zu schauen. Dies ist bereits eine Konfrontation, die hilft, die Weichen zu einer verbesserten Angstbewältigung zu stellen.

Während die Angst Sie anfangs vielleicht völlig im Griff hatte, beginnen Sie nun, das Störungsbild zu kontrollieren. Dies ist ein wichtiger Aspekt, da bei Angststörungen in aller Regel Hilflosigkeitsgefühle auftreten, die wiederum in einem Kreisprozess die Ängste verstärken (Teufelskreis). Bereits das Führen des Angst-Tagebuches kann daher das Erleben von Kompetenz und Selbstwirksamkeit stärken, da Sie zum Experten in eigener Sache werden. Wenn Sie mit dem Tagebuch beginnen, können allerdings zunächst einmal verstärkte Ängste auftreten. Lassen Sie sich hiervon nicht entmutigen. Da Sie bisher vielleicht versucht haben, Ihre Ängste und die Beschäftigung damit zu vermeiden, kann die bewusste Hinwendung zunächst stärkere Angst hervorrufen.

Grundprinzipien der Progressiven Relaxation

Der amerikanische Physiologe Edmund Jacobson veröffentlichte die von ihm entwickelte Progressive Relaxation erstmals im Jahr 1929. Er hatte sich zuvor in umfangreichen Forschungen mit den Zusammenhängen zwischen geistiger und muskulärer Anspannung beschäftigt. Allerdings führt nicht nur psychische Anspannung zu höherer Muskelspannung. Es gilt auch der umgekehrte Fall, dass eine Lockerung der Muskulatur mit einem Ruhegefühl einhergeht. Wer schon einmal Massagen bekommen hat, dem ist vielleicht aufgefallen, dass danach nicht nur die Muskeln entspannter waren, sondern dass er sich insgesamt ruhiger fühlte.

Körper und Psyche

Wir haben es hier mit einem Zusammenhang zwischen Psyche und Körper zu tun, der in beide Richtungen wirkt: Die Psyche nimmt Einfluss auf den Körper, und umgekehrt können körperliche Veränderungen auch Änderungen im psychischen Befinden hervorrufen. Der Ansatzpunkt der Progressiven Relaxation beruht auf dieser Wechselwirkung zwischen psychischer und muskulärer Spannung. Durch das Training soll in systematischer Weise eine Herabsetzung der Spannung der Willkür-Muskulatur erreicht werden, wodurch wiederum eine psychische Entspannung hervorgerufen wird. Das vertiefte Ruhegefühl bewirkt seinerseits eine zunehmende Muskelentspannung, wodurch im günstigen Fall eine Art Kreisprozess zu Stande kommt: Je mehr Sie Ihre Muskeln entspannen, desto ruhiger werden Sie, und je ruhiger Sie werden, desto mehr entspannen sich Ihre Muskeln usw.

Auf Anspannung folgt Entspannung

Edmund Jacobson machte eine erstaunliche Beobachtung: Wenn beispielsweise die Muskeln des Unterarms durch das Ballen einer Faust kurze Zeit angespannt und dann wieder losgelassen wurden, kam es nach einiger Zeit zu einer vertieften muskulären Entspannung. Jacobson ging davon aus, dass eine Art Reflex dafür verantwortlich ist. Auf diesem Grundprinzip, Entspannung durch vorausgehende Anspannung zu erreichen, beruht die Methode der Progressiven Relaxation.

Es ist allerdings wichtig, dass die Entspannungsphase deutlich länger sein muss als die Anspannungsphase. Sie können sich das Geschehen am Beispiel eines Pendels verdeutlichen: Ziehen Sie ein Pendel in eine Richtung und lassen es dann wieder los, schwingt es zurück, und zwar über den Ausgangspunkt hinaus. Ähnlich folgt auf eine kurzzeitige Anspannung einer Muskelgruppe nach dem Loslassen eine vertiefte Entspannung, wenn Sie sich genügend Zeit lassen.

Voranschreitende Entspannung

Das von ihm entwickelte Entspannungsverfahren bezeichnet Edmund Jacobson als »Progressive Relaxation Training«. Ins Deutsche wurde dieser

Begriff als Progressive Relaxation übersetzt. Wörtlich übersetzt heißt das »voranschreitende Entspannung«, was den systematischen Aspekt der Methode gut beschreibt. Mithilfe der oben dargestellten Technik wird Muskelgruppe für Muskelgruppe entspannt und dadurch ein sich zunehmend vertiefender Ruhezustand erreicht.

Das Originaltraining von Jacobson umfasst sehr viele Übungen und bezieht auch recht kleine Muskelgruppen ein, wodurch es insgesamt sehr zeitaufwändig wird. Die Originalversion umfasst mehr als 30 Einzelübungen, wofür eine tägliche Übungszeit von mehr als einer Stunde nötig ist. In diesem Buch stelle ich Ihnen zwei Kurzformen der Progressiven Relaxation vor, die sich insbesondere in der Arbeit mit Angstpatienten bewährt haben, ein Übungsprogramm in zwölf Schritten, das etwa 20 Minuten dauert, und eine Kurzform in sieben Schritten, die entsprechend weniger Zeit in Anspruch nimmt. Die Übung in zwölf Schritten hat sich aufgrund der Erfahrung mit hunderten Patienten als ein guter Kompromiss zwischen Differenziertheit der Übungen und Zeitökonomie herausgestellt.

Das hier verfolgte Ziel besteht aber nicht nur darin, die Entspannungsfähigkeit generell zu verbessern. Es soll auch die Fähigkeit herausgebildet werden, sich in zunehmend kürzerer Zeit entspannen zu können. Es wird daher auch eine Kurzform in sieben Schritten eingesetzt. Schließlich wird die Fähigkeit eingeübt, sich innerhalb von wenigen Sekunden entspannen zu können. Bereits bei beginnenden Ängsten kann dann durch diese Form der »Schnellentspannung« ein Angstabbau und eine gelassene Bewältigung der jeweils gegebenen Situation erreicht werden.

In welcher Umgebung sollten Sie üben?

Der Einstieg in das Entspannungstraining fällt leichter, wenn Ihnen für die Übungen ein ruhiger Raum zur Verfügung steht. Dies ist aber keine zwingende Notwendigkeit. Es ist in jedem Fall günstig, sich darauf einzustellen, auch in normalen Alltagssituationen üben zu können. Hier herrscht selten absolute Ruhe, und es können auch unvorhergesehene Störungen auftreten. Mit ein wenig Praxis können Sie aber auch bei störenden Geräuschen »abschalten«. Auch Sie haben wahrscheinlich die

Erfahrung gemacht, dass bewusstes Hören stark davon abhängt, wie intensiv Sie hinhören. Am besten ist es, mit dem Üben im wohl verstandenen Sinne »egoistischer« zu werden und dem eigenen Erleben der vertieften Ruhe eine möglichst hohe Bedeutung zuzumessen. Diese innere Haltung führt dazu, dass banale Alltagsgeräusche und mögliche Störungen immer unwichtiger und »unhörbarer« werden. Bereits dieser Prozess bewirkt eine günstige Einstellungsveränderung in Richtung zu mehr Gelassenheit. Sie können diese Haltung unterstützen, wenn Sie sich zu Beginn der Übungen innerlich sagen: »Geräusche sind jetzt ganz gleichgültig.«

Übungshaltungen

Tragen Sie während der Übungen möglichst bequeme Kleidung. Lockern Sie enge Gürtel und Kleidungsstücke. Zum Üben bieten sich Liege- und Sitzpositionen an, in denen Sie locker und entspannt bleiben können.

Die Liegeposition

Als Liegeposition ziehen die meisten Übenden die Rückenlage vor (siehe Abbildung 5). Kopf und Nacken können Sie bei Bedarf durch ein Kissen stützen. Die Arme liegen locker neben dem Körper.

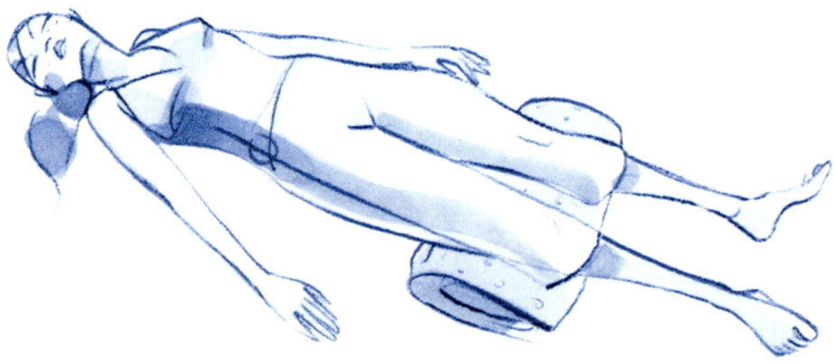

Abb. 5: Liegeposition

Die Sitzhaltung

Das Üben in der Sitzhaltung ist deshalb von besonderer Bedeutung, weil Sie nur so das Erlernte auch tatsächlich in verschiedenen Alltagssituationen anwenden können.

Die angelehnte Sitzposition

Auf einem Stuhl mit Lehne oder einem Sessel können Sie sich gut anlehnen, so dass der Rücken festen Halt findet (siehe Abbildung 6). Die Füße stehen in bequemem Abstand nebeneinander fest auf dem Boden. Am besten ist eine Sitzhöhe, in der Knie und Oberschenkel in etwa einen rechten Winkel bilden. Die Arme können locker auf den Sessellehnen oder auf den Oberschenkeln ruhen. Die Hände sollten sich nicht berühren. Den Kopf können Sie leicht nach vorn senken oder eventuell an eine Kopfstütze anlehnen.

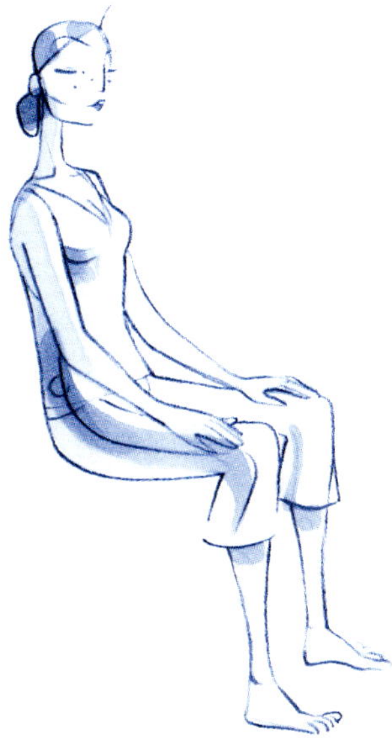

Abb. 6: Angelehnte Sitzposition

Die Kutscherhaltung

Aber auch, falls nur ein Hocker oder eine Sitzgelegenheit ohne Lehne vorhanden sein sollte, kann geübt werden. Hier empfiehlt sich die von Professor Johannes Heinrich Schultz (1884–1970) für das Autogene Training vorgeschlagene Kutscherhaltung (siehe Abbildung 7). Sie können sich beispielsweise auf einen Hocker setzen, so dass die Füße in bequemem Abstand nebeneinander auf dem Boden stehen. Mit dem Einatmen richten Sie sich auf und lassen sich dann mit dem Ausatmen über der Körpermitte zusammensinken. Der Oberkörper ist dabei so ausgerichtet,

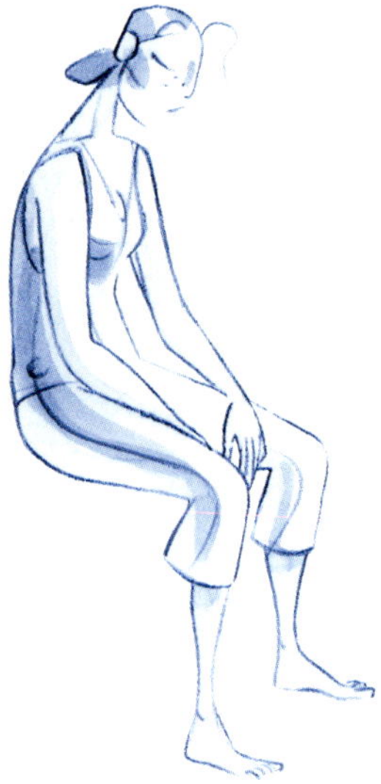

Abb. 7: Kutscherhaltung

dass Sie möglichst in Balance bleiben und keine oder nur wenig Kraft brauchen, um sich auf dem Hocker zu halten. Lassen Sie sich im Gleichgewicht »hängen«.

Bei stärkeren Wirbelsäulenbeschwerden können mitunter Schmerzen auftreten. In diesem Fall ist es besser, in der angelehnten Sitzhaltung zu üben.

Übungen im Stehen

Die Durchführung der Übungsprogramme in zwölf und sieben Schritten ist im Stehen kaum möglich. Es wird aber auch die Fähigkeit trainiert, sich innerhalb von wenigen Sekunden entspannen zu können. Dies ist durchaus auch im Stehen (beispielsweise in einer Schlange an einer Kasse) möglich. Hierbei empfiehlt es sich, die Schultern möglichst locker nach unten sinken und die Arme hängen zu lassen. Die Hände sind locker geöffnet, die Rücken- und Bauchmuskeln sowie Gesäß, Oberschenkel und Füße gelöst. Die Füße stehen etwa schulterbreit nebeneinander. Die Knie sind nicht durchgedrückt, sondern leicht gebeugt. Die Füße stehen gleichmäßig fest auf dem Boden und finden guten Halt.

Übungen in Bewegung

Ein wichtiges Ziel des Trainings ist es, in Bewegungsabläufen locker und gelöst zu bleiben. Dieser Aspekt der so genannten differenziellen Entspannung wird auf Seite 96 f. genauer beschrieben. Es soll ein möglichst ökonomischer Einsatz von Muskelanspannungen erlernt werden. Nur diejenigen Muskelgruppen werden beansprucht, die für den jeweiligen Bedarf notwendig sind, während alle anderen möglichst unbelastet bleiben. So ist ein fließender und geschmeidiger Bewegungsablauf möglich, bei dem muskuläre Verspannungen vermieden werden.

Angst- und Stressabbau durch Progressive Relaxation

Im Folgenden werden die zwei bereits erwähnten Abläufe der Progressiven Relaxation* beschrieben, das Übungsprogramm in zwölf und die Kurzform in sieben Schritten**.

Die Übungsprogramme können mithilfe der beiliegenden CD selbstständig durchgeführt werden.

Nach Möglichkeit sollten Sie die Augen während des Übens schließen. Auf diese Weise können Sie einen großen Teil der Außenreize ausblenden und sich besser auf die inneren »Vorgänge« einstellen. Insbesondere Angstpatienten kann es anfangs jedoch schwer fallen, die Augen geschlossen zu halten, da innere Vorgänge wie Körperfunktionen (Herzschlag, Atmung usw.) sowie Empfindungen und Gefühle auf diese Weise stärker bewusst werden. Dies kann, etwa bei körperbezogenen Ängsten, zu einer beunruhigenden Selbstbeobachtung führen. Mit dem Vertraut-

* Kurse zur Progressiven Relaxation werden von vielen Volkshochschulen, Krankenkassen und psychologischen Praxen angeboten.

** Die vorgestellten Übungsprogramme beruhen auf einer umfangreicheren Übungsversion der Progressiven Relaxation, die in dem Buch »Stressfrei durch Progressive Relaxation« (Ohm, 2003) beschrieben und erläutert wird. Die hier vorgestellten Übungsvarianten haben sich in der langjährigen verhaltenstherapeutischen Arbeit des Autors mit vielen hundert Angstpatienten bewährt.

werden des Übungsablaufs tritt in aller Regel auch ein Abklingen der Angst ein (Habituation). Lassen Sie sich also nicht gleich entmutigen, und üben Sie – wenn es nicht anders geht – anfangs mit offenen Augen.

Tipps

- Bei geschlossenen Augen kann es entängstigend wirken, wenn Sie sich bewusst machen, jederzeit – wenn Sie wollen – die Augen wieder öffnen zu können.
- Eine weitere wichtige entängstigende Maßnahme kann darin bestehen, sich bewusst zu machen, jederzeit die Übung durch vorzeitiges Zurücknehmen (siehe Seite 77) beenden zu können.
- Falls die Sorge auftauchen sollte, dass die Entspannung »zu tief« sei oder dass die Kontrolle verloren gehe, kann bereits das Bewegen eines Fingers oder einer Hand oder eines Armes oder das kurze Öffnen und Schließen der Augen eine wichtige dosierte »vertrauensbildende Maßnahme« sein.

Es ist zu betonen, dass durch das Entspannungstraining nichts Gravierendes geschehen kann. Das »Schlimmste«, was eintreten kann, ist, dass Sie ungewollt einschlafen.

Grundprinzip Anspannung – Entspannung

- Muskeln jeweils für etwa 5–10 Sekunden anspannen.
- Die Spannung soll deutlich spürbar sein, ohne in übermäßige Anstrengung oder gar in Verkrampfung überzugehen.
- Möglichst normal weiteratmen.
- Nach etwa 5–10 Sekunden die Spannung wieder vollständig lösen.
- Für etwa eine halbe Minute die Entspannung wahrnehmen und genießen.
- Dabei die Empfindungen in den jeweiligen Muskeln möglichst genau beobachten.
- Besonders die Empfindungen beachten, die auf die vollständige Lösung der Muskeln folgen.

Durch die Konzentration auf die Entspannungsempfindungen und die Lockerung lässt sich der Ruhezustand deutlich vertiefen. Auch aus diesem Grunde ist es wichtig, dass die Entspannungsphase deutlich länger dauert als die Anspannungsphase: Der Schwerpunkt soll auf der Entspannung liegen. Die einzelnen Übungen können Sie bei Bedarf ein- bis zweimal wiederholen.

Durch die auf die willkürliche Anspannung der Muskeln folgende Lockerung kommt es wegen des provozierten Kontrasterlebnisses meist zu recht deutlichen Entspannungsempfindungen. Diese sind allerdings individuell unterschiedlich. Viele Übungsteilnehmer berichten von Wärmegefühlen, angenehmer körperlicher Schwere, Prickeln und Pulsieren. In dem am Ende erreichten vertieften Ruhezustand kann man je nach Belieben und der zur Verfügung stehenden Zeit länger und kürzer verweilen.

Die Zurücknahme

Die Übung wird durch bewusste Aktivierung (siehe Abbildung 8) beendet:

- Arme mehrmals fest anbeugen und strecken; wer mag, kann sich auch recken, strecken, räkeln,
- tief durchatmen,
- Augen auf.

Die in jedem Augenblick mögliche Zurücknahme kann zu einem Gefühl von Erfrischung und neuer Kraft führen. Führen Sie diese möglichst energisch durch, um eine deutliche Aktivierung zu erreichen. Falls Sie trotzdem noch müde sein sollten, können Sie das Zurücknehmen wiederholen, am offenen Fenster tief durchatmen oder Gymnastikübungen machen. Das Zurücknehmen sollte allerdings unterbleiben, wenn Sie anschließend schlafen möchten. Dann kann der Entspannungszustand in den Schlaf übergehen.

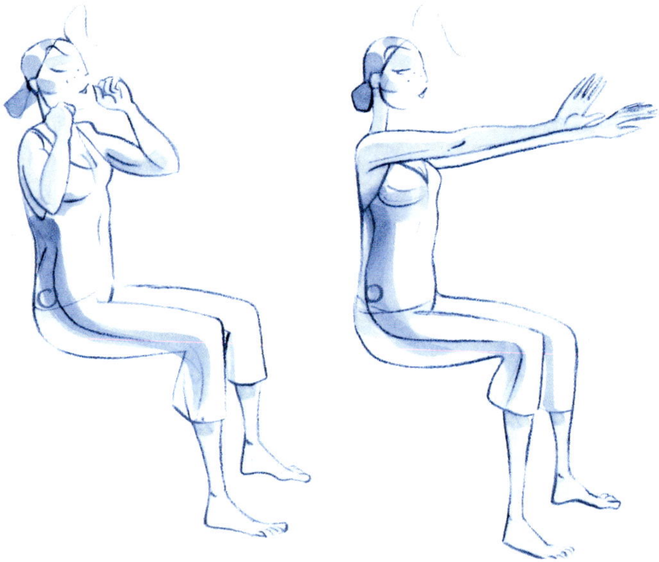

Abb. 8: Zurücknahme

Achtung

Immer wieder mache ich die Erfahrung, dass Übende die Anspannung der Muskeln bei einzelnen Übungen übertreiben. Das kann schädlich sein. Dies gilt besonders für Herzpatienten, denen der ärztliche Hinweis gegeben wurde, sich im Hinblick auf körperliche Belastungen (noch) zurückzuhalten. Erfahrungsgemäß finden sich unter Herzinfarkt- und Koronar-Patienten recht viele sehr leistungsorientierte und (über)aktive Menschen. Ungeduld und Leistungsstreben können sich auch darin ausdrücken, dass mit einem zu großen Kraftaufwand angespannt wird. Das Ergebnis ist allerdings keine Entspannung, sondern eher eine Überanstrengung und Verkrampfung. Deshalb bitte darauf achten, nicht nach dem Motto »viel hilft viel« zu üben. Die Spannung soll deutlich spürbar sein, keinesfalls aber sollten Verkrampfungen oder Schmerzen auftreten. Im Zweifel weniger stark anspannen. Meistens lässt sich durch das gleichmäßige Weiteratmen während der Anspannungsphase eine spontane Überanstrengung vermeiden.

Vorübung

Ballen Sie die rechte Hand zur Faust (siehe Abbildung 9). Spannen Sie die Muskeln deutlich spürbar an, allerdings ohne zu verkrampfen. Achten Sie auf das Spannungsgefühl in der Hand und im Unterarm. Tasten Sie nun einmal mit der anderen Hand die gespannte Hand und den Unterarm ab und spüren Sie die Härte der Muskeln. Nun lösen Sie die Spannung vollständig und lassen den Arm locker auf dem Oberschenkel ruhen. Gönnen Sie sich einen Moment Zeit, damit sich die Muskeln vollständig lockern können. Achten Sie auf das unterschiedliche Gefühl in der Hand und im Unterarm. Machen Sie sich auch kleine Veränderungen bewusst. Tasten Sie die entspannte Hand und den Unterarm ab. Spüren Sie die Lockerheit und Weichheit der Muskeln.

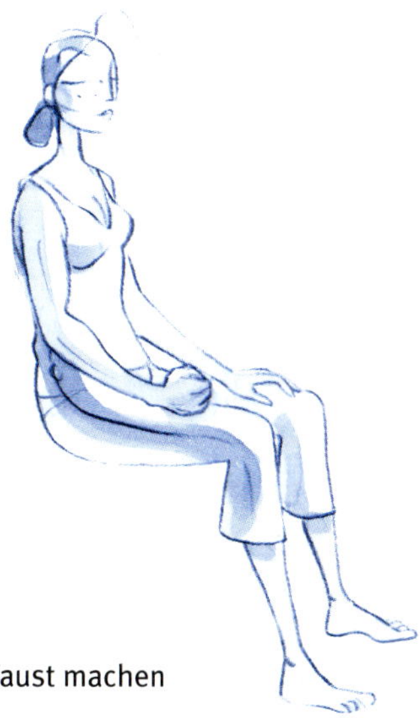

Abb. 9: Faust machen

Progressive Relaxation in zwölf Schritten

Der folgende Anleitungstext gliedert sich in zwei Übungsteile:

1. Entspannung von Armen, Schultern und Gesicht
2. Entspannung von Rumpf und Beinen

Den ersten Übungsteil sollten Sie ein- bis dreimal durchführen. Erst dann folgen der zweite Teil und die Progressive Relaxation als Ganzes. Einen Überblick über die zwölf Übungen gibt die folgende Tabelle.

Tab. 3: Progressive Relaxation in zwölf Schritten

1. Übungsteil: Arme, Schultern, Gesicht	Hand (Faust rechts) Hand (Faust links) Oberarme (anbeugen; Bizeps) Oberarme (strecken; Trizeps) Schultern (hoch ziehen) Kiefermuskeln und Wangen (Zähne zusammenbeißen) Stirn (runzeln) und Augen (zusammenkneifen)
2. Übungsteil: Brustkorb, Rücken, Bauch, Beine	Brustkorb (tief einatmen) Rücken (Schulterblätter nach hinten ziehen) Bauchmuskeln (Bauch nach innen ziehen) Oberschenkel und Gesäß (anspannen) Unterschenkel (Füße hoch ziehen)

Den Text finden Sie auch auf der CD.

Nehmen Sie bitte jetzt eine möglichst bequeme Haltung im Sitzen oder im Liegen ein. Für die folgenden Übungen benötigen Sie etwa 20 Minuten. Möchten Sie nur einen Teil ausführen, beenden Sie die Übung am besten wie folgt:

- Beugen Sie die Arme mehrmals fest an,
- atmen Sie tief durch
- und öffnen Sie dann die Augen.

Das Schließen der Augen während der Entspannungsphase kann die Konzentration auf den Körper verbessern und hilft ablenkende Reize auszublenden. Sie können die Augen jetzt oder später schließen. Machen Sie sich bewusst, wie Sie dasitzen oder liegen … Wollen Sie es sich noch etwas bequemer machen ...? Können Sie die Muskeln noch etwas mehr loslassen ...? Entspannen Sie so gut wie möglich.

Gleich spannen Sie bestimmte Muskelpartien für etwa 5–10 Sekunden an, um dann für etwa 30 Sekunden vollständig loszulassen. Bitte steigern Sie die Spannung so weit, dass Sie diese deutlich spüren. Aber nur so weit, dass es nicht schmerzt.

1. Übungsteil: Entspannung von Armen, Schultern und Gesicht:

Hände

Wenden Sie sich nun einer Hand zu (Rechtshänder rechts, Linkshänder links). Wie fühlen sich Hand und Unterarm an?

Anspannung (etwa 5–10 Sekunden):
Ballen Sie die Hand nun zur Faust. Steigern Sie die Spannung, bis Sie diese deutlich spüren, ohne zu verkrampfen. Achten Sie auf das Spannungsgefühl im Unterarm, in der Hand ...

Loslassen (etwa 30 Sekunden):
Jetzt lassen Sie los. Lassen Sie den Arm bequem und locker liegen. Spüren Sie das unterschiedliche Gefühl im Unterarm, in der Hand, in den Fingern. Gönnen Sie sich etwas Zeit, damit sich die Muskeln noch ein wenig mehr lösen können. Lassen Sie ganz los ...

Nun konzentrieren Sie sich bitte auf die andere Hand. Wie fühlen sich die Hand und der Unterarm in diesem Moment an?

Anspannung:
Ballen Sie die Hand zur Faust. Achten Sie auf das Spannungsgefühl im Unterarm, in der Hand, in den Fingern.

Loslassen:
Jetzt lassen Sie wieder los. Erlauben Sie Ihrem Arm bequem und locker zu liegen. Achten Sie auf das unterschiedliche Gefühl im Unterarm, in der Hand, in den Fingern. Erlauben Sie, dass sich die Entspannung mehr und mehr ausweitet.

Oberarme

Konzentrieren Sie sich als Nächstes auf die Oberarme. Machen Sie sich bewusst, wie sich dieser Körperbereich anfühlt …

Anspannung:
Beugen Sie Ihre Arme in Richtung Schultern (siehe Abbildung 10). Spannen Sie die Muskeln der Oberarme – die Bizepse – an, wobei die Hände möglichst locker bleiben. Spüren Sie die Spannung in den Oberarmen …

Loslassen:
Jetzt lassen Sie wieder vollständig los und lassen die Arme bequem ruhen. Lenken Sie Ihre Aufmerksamkeit hin zu den Armen und spüren Sie das unterschiedliche Gefühl: Die Lockerung und Lösung der Oberarmmuskeln. Vielleicht können Sie noch ein wenig mehr loslassen …

Abb. 10: Oberarme beugen

Nun gehen wir weiter zu den Streckmuskeln der Oberarme. Wie fühlen sich die Oberarme in diesem Moment an …?

Anspannung:
Drehen Sie Ihre Hände herum, so dass Ihre Handinnenflächen nach oben zeigen und strecken Sie die Arme, wobei die Arme gegen die Unterlage drücken (siehe Abb. 11). Achten Sie auf die Spannung in den Streckmuskeln der Oberarme …

Loslassen:
Jetzt lösen Sie die Spannung wieder vollständig und lassen die Arme bequem zurücksinken. Achten Sie darauf, wie es sich in den Oberarmen anfühlt, wenn Sie ganz loslassen. Erlauben Sie, dass sich die Entspannung mehr und mehr ausdehnt …

Abb. 11: Anspannen/Entspannen der Streckmuskeln der Oberarme

Genießen Sie das angenehme Gefühl von Lockerheit und Gelöstheit in den Armen. Achten Sie auch auf feine Veränderungen, machen Sie sich den Ruhezustand ganz bewusst, lassen Sie vollständig los. Die Entspannung und Ruhe kann sich mehr und mehr auf den ganzen Körper ausdehnen und vertiefen.

Schultern

Nun wenden Sie sich bitte den Schultern zu. Machen Sie sich bewusst, wie sich dieser Körperbereich anfühlt …

Anspannung:
Ziehen Sie die Schultern ganz hoch in Richtung Ohren (siehe Abbildung 12) und achten Sie auf das Spannungsgefühl in den Schultermuskeln.

Loslassen:
Und jetzt wieder vollständig loslassen. Die Schultern sinken ganz zurück. Wie fühlt es sich nun an, wenn Sie die Schultern ganz loslassen? Empfinden und genießen Sie das angenehme Gefühl der Lockerung und Lösung der Muskeln.

Abb. 12: Anspannung Schultern

Gesicht

Richten Sie Ihre Aufmerksamkeit nun auf Ihr Gesicht. Machen Sie sich bewusst, wie es sich im Moment anfühlt. Wenden Sie sich jetzt den Kiefermuskeln und Wangen zu. Machen Sie sich bewusst, wie es sich hier anfühlt.

Anspannung:
Beißen Sie die Zähne aufeinander und zeigen Sie die Zähne. Achten Sie auf das Spannungsgefühl in den Kiefermuskeln und Wangen. Machen Sie sich das Spannungsgefühl ganz bewusst, allerdings ohne dass es zu Verkrampfung und Schmerzen kommt ...

Loslassen:
Lassen Sie jetzt vollständig los. Geben Sie die Muskeln ganz frei, so dass Ihre Kieferpartie und Wangen ganz locker sein können. Empfinden und genießen Sie das unterschiedliche Gefühl. Lassen Sie zu, dass sich die Zähne leicht voneinander lösen ...

Anspannung:
Ziehen Sie die Augenbrauen hoch und runzeln Sie die Stirn. Steigern Sie die Spannung, bis Sie sie deutlich spüren, ohne dabei zu verkrampfen. Spüren Sie die Spannung im Bereich der Stirn ...

Loslassen:
Jetzt lassen Sie vollständig los. Erlauben Sie Ihren Muskeln, sich völlig zu lösen und der Stirn, ganz glatt zu sein. Achten Sie auf das angenehme Gefühl der Lockerung und Lösung der Muskeln ...

Genießen Sie das angenehme Gefühl von Lockerheit und Gelöstheit im Gesicht, in den Schultern und Armen. Achten Sie dabei auch auf feine Veränderungen, machen Sie sich den Ruhezustand ganz bewusst, lassen Sie vollständig los. Die Entspannung kann sich auf den ganzen Körper ausweiten und sich mehr und mehr vertiefen.

Falls Sie an dieser Stelle zurücknehmen wollen:

- Arme mehrmals fest anbeugen,
- tief durchatmen,
- Augen auf.

2. Übungsteil: Entspannung von Brustkorb, Rücken, Bauch und Beinen

Brustkorb

Wenden Sie sich nun Brust, Bauch und Atmung zu. Machen Sie sich bewusst, wie sich dieser Körperbereich anfühlt …

Anspannung (etwa 5–10 Sekunden):
Atmen Sie tief ein, so dass sich Brust und Bauch wölben (siehe Abbildung 13) und halten Sie die Luft kurz an …

Loslassen (etwa 30 Sekunden):

Jetzt lösen Sie die Spannung wieder und lassen die Luft von selbst ausströmen. Erlauben Sie den Muskeln des Brustkorbes und des Bauches, sich ganz zu lösen. Spüren und genießen Sie das angenehme Gefühl der Lockerung und Lösung im Bereich von Brust und Bauch …

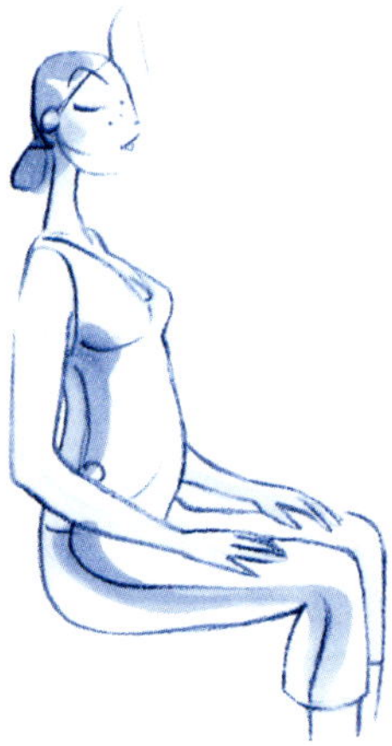

Abb. 13: Tiefes Einatmen (Brust und Bauchwölbung)

Rücken

Nun konzentrieren Sie sich auf Ihren Rücken.

Anspannung:
Spannen Sie die Rückenmuskeln an, indem Sie die Schulterblätter nach hinten zur Wirbelsäule hin zusammenziehen (siehe Abbildung 14). Spüren Sie die Spannung der Rückenmuskeln …

Loslassen:
Jetzt lösen Sie die Spannung wieder vollständig. Lassen Sie ganz locker. Erlauben Sie den Rückenmuskeln, sich völlig zu lösen. Achten Sie auf das angenehme Gefühl der Lockerung und Lösung der Muskeln …

Abb. 14: Anspannung der Rückenmuskeln

Bauchmuskeln

Nun gehen wir weiter zu den Bauchmuskeln. Machen Sie sich bewusst, wie es sich hier anfühlt.

Anspannung:
Spannen Sie Ihre Bauchmuskeln dadurch an, dass Sie den Bauch nach innen (siehe Abbildung 15) ziehen. Achten Sie auf das Spannungsgefühl in den Bauchmuskeln …

Loslassen:
Lassen Sie ganz locker. Erlauben Sie den Bauchmuskeln, sich vollständig zu lösen und locker zu sein. Achten Sie auf das unterschiedliche Gefühl und genießen Sie die Lockerung und Lösung …

Genießen Sie das angenehme Gefühl von Lockerheit und Gelöstheit der Muskeln im Bereich von Brust, Rücken und Bauch. Achten Sie auch auf feine Veränderungen und erleben Sie den Ruhezustand ganz bewusst.

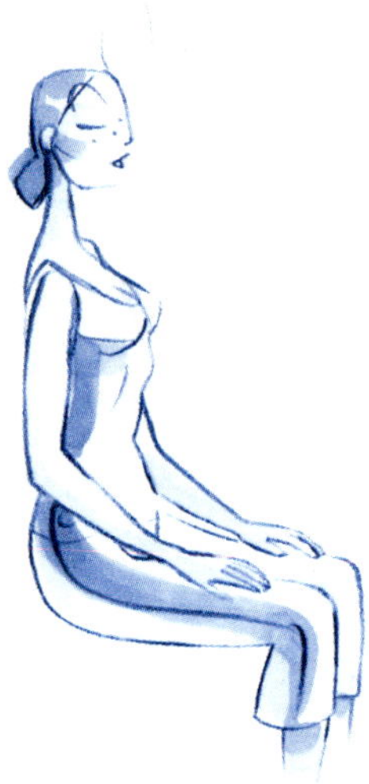

Abb. 15: Anspannen Bauchmuskeln

Oberschenkel und Gesäßmuskeln

Wenden Sie sich nun bitte Ihren Beinen zu. Wie fühlen sie sich in diesem Moment an ? …

Anspannung:
Spannen Sie die Gesäß- und Oberschenkelmuskeln an. Machen Sie sich das Spannungsgefühl im Gesäß und in den Oberschenkeln ganz bewusst …

Loslassen:
Lassen Sie jetzt wieder völlig los. Die Beine finden in eine ganz bequeme und lockere Haltung zurück. Genießen Sie das angenehme Gefühl von Lockerung und Lösung in den Gesäß- und Oberschenkelmuskeln. Gönnen Sie sich die Zeit, dass sich die Muskeln vielleicht noch ein wenig mehr lösen können. Lassen Sie vollständig los …

Unterschenkel

Nun machen Sie weiter mit den Unterschenkeln.

Anspannung:
Lassen Sie die Beine in ihrer Position und ziehen Sie Ihre Zehen und Füße in Richtung auf Ihr Gesicht. Erzeugen Sie eine Gegenspannung in Schien-

bein- und Wadenmuskeln, so dass Sie Spannung in Ihren Unterschenkeln verspüren. Achten Sie auf das Spannungsgefühl …

Loslassen:
Und jetzt lösen Sie die Spannung wieder. Die Beine finden in eine bequeme und lockere Haltung zurück. Wie fühlen sich die Unterschenkel nun an, wenn Sie ganz loslassen, locker lassen? Empfinden und genießen Sie das unterschiedliche Gefühl in den Unterschenkeln …

Spüren Sie, wie sich der Körper Muskelgruppe für Muskelgruppe mehr und mehr gelöst und gelockert hat … Machen Sie sich den angenehmen, vertieften Ruhezustand bewusst, den Sie empfinden und genießen …

Sie können die Entspannung vielleicht noch etwas vertiefen, indem Sie die verschiedenen Körperbereiche im Geiste noch einmal durchwandern. Die Aufmerksamkeit zunächst noch einmal zu den Füßen und Unterschenkeln senden. Wie fühlt es sich hier an? Wie ist es in den Oberschenkeln? Die Gesäßmuskeln spüren …Wie fühlt es sich im Bereich der Bauchmuskeln an? Weiter zum Rücken …Wie ist es im Bereich der Schultern? Wie fühlt sich der Nacken an? Wie ist es im Gesicht? Im Bereich der Stirn, der Augenpartie, der Wangen, der Kiefermuskeln, des Mundes …Weiter zu den Oberarmen …Wie fühlen sich die Unterarme an …? Und schließlich die Hände: Wie fühlt es sich hier an?

Erlauben Sie, dass sich die Entspannung mehr und mehr ausdehnt und sich immer weiter vertieft.

Wenn Sie sich auf die Rückkehr zur Aktivität einstellen und zurücknehmen wollen:

- Arme mehrmals fest anbeugen,
- tief durchatmen,
- Augen auf.

Progressive Relaxation in sieben Schritten

Grundsätzlich lassen sich kurze Übungsprogramme beliebig zusammenstellen. Vielleicht führen bestimmte Übungen bei Ihnen zu einem besonders deutlichen Entspannungserlebnis. Diese können dann für eine individuelle Kurzform genutzt werden. Oder falls bestimmte Muskelgruppen bei Stress besonders angespannt sind, können Sie diese gezielt in die Übungen einbeziehen. Eine weitere Möglichkeit besteht darin, jeweils nur einen der beiden Teile der Übung in zwölf Schritten im Wechsel durchzuführen.

Ein häufig angewandtes Kurzprogramm ist die Progressive Relaxation. Hierbei wird der Übungsumfang zwar einerseits abgekürzt, andererseits wird der Körper aber umfassend in die Übungen einbezogen. Für die Übung in sieben Schritten werden etwa 7–10 Minuten benötigt. Es werden folgende Muskelgruppen einbezogen: Arm (rechts), Arm (links), Schultern, Gesicht, Rumpf, Gesäß und Oberschenkel, Unterschenkel.

Ein Vorteil dieses auf nur sieben Schritte gekürzten Übungsablaufes ist der noch geringere zeitliche Aufwand. Allerdings sollte er den bereits besser geübten Teilnehmern vorbehalten bleiben. Falls diese Art der Übung als überfordernd erlebt wird, sollte auf die Übung in zwölf Schritten zurückgegriffen werden. Einen Überblick über die Übungen in sieben Schritten gibt folgende Tabelle.

Tab. 4: Kurzform der Progressiven Relaxation in sieben Schritten

Arm (z. B. rechts)	möglichst alle Muskeln des rechten Armes anspannen
Arm (z. B. links)	möglichst alle Muskeln des linken Armes anspannen
Schultern	Schultern hoch ziehen
Gesicht	Gesichtsmuskeln anspannen, Grimasse ziehen
Rumpf	Rücken- und Bauchmuskeln anspannen
Oberschenkel und Gesäßmuskeln	Oberschenkel und Gesäß anspannen
Unterschenkel	Gegenspannung in Schienbein- und Wadenmuskeln

Den Text finden Sie auch auf der CD.

Nehmen Sie auch bei diesen Kurzform-Übungen eine möglichst bequeme Haltung im Sitzen oder Liegen ein. Auch hier gilt für die Rücknahme:

- Arme mehrmals fest anbeugen,
- tief durchatmen,
- Augen auf.

Wahrnehmung: Eine Reise durch den Körper

Beim so genannten body scan geht es um eine innere Reise durch den Körper, welche den bereits erreichten Entspannungszustand weiter vertiefen kann. In der Vorstellung gehen Sie dabei noch einmal die einbezogenen Muskelgruppen durch. Dabei können Sie sich die Entspannung der Muskeln erneut bewusst machen und eventuell noch etwas mehr loslassen. Der Anleitungstext für eine Reise durch den Körper findet sich auf der CD.

Das Ziel des body scan liegt aber nicht nur darin, die erreichte Entspannung zu vertiefen. Vielmehr geht es darum, die Körperwahrnehmung zu schulen. Den meisten ist nur unzureichend bewusst, welche Muskeln angespannt und welche entspannt sind. Häufig werden Verspannungen erst dann gespürt, wenn körperliche Probleme wie z. B. Schmerzen auftreten. Eine Voraussetzung zum frühzeitigen Gegensteuern und Entspannen ist eine entsprechend geschulte Wahrnehmungsfähigkeit auch leichterer muskulärer Anspannungen. Nur das, was Sie wahrnehmen, können Sie auch verändern.

Im Zusammenhang mit Angstabbau ist die Schulung der Körperwahrnehmung besonders wichtig. Ängste sind, wie bereits geschildert, u. a. mit Spannungen der Muskulatur verbunden. Ein frühzeitiges Bemerken dieser muskulären Spannungen ermöglicht ein Gegensteuern.

Im Anschluss an die Progressive Relaxation (in zwölf oder sieben Schritten) möchte ich Sie zu einer Reise durch den Körper einladen:

body scan – eine Körperreise

Die Entspannung lässt sich vielleicht noch etwas vertiefen, indem Sie die verschiedenen Körperbereiche im Geiste noch einmal durchwandern. Senden Sie Ihre Aufmerksamkeit zunächst noch einmal zu den Füßen. Wie fühlt es sich hier an? Es geht weiter zu den Unterschenkeln ... Wie ist es in den Oberschenkeln? Spüren Sie die Gesäßmuskeln ... Wie fühlt es sich im Bereich der Bauchmuskeln an? Weiter zum Rücken ... Wie ist es im Bereich der Schultern? Wie fühlt sich der Nacken an? Wie ist es im Gesicht? Im Bereich der Stirn, der Augen, der Wangen, der Kiefermuskeln, des Mundes? Weiter zu den Oberarmen ... Wie fühlen sich die Unterarme an ...? Und schließlich die Hände: Wie fühlt es sich hier an? Erlauben Sie, dass sich die Entspannung mehr und mehr ausdehnt, sich immer weiter vertieft.

Ruhevorstellungen und Ruhebilder

Die beschriebene geistige Reise durch den Körper führt in aller Regel zu einer Vertiefung des Ruheerlebnisses.

Eine weitere Möglichkeit besteht darin, sich gedanklich mit Bildern zu beschäftigen, die Ruhe und Wohlbefinden ausstrahlen. Auch derartige bildhafte Vorstellungen können das Ruheerlebnis zusätzlich vertiefen. Hierbei kann es hilfreich sein, sich bereits vor der Übung mit der Frage zu beschäftigen: »Was strahlt auf mich Ruhe und Entspannung aus?« Das können Natur-Erlebnisse sein wie beispielsweise ein Spaziergang im Wald, Gedanken an Sonne, Strand und Meer, ein Sonnenuntergang oder eine Wiese mit Blumen. Aber auch andere bildhafte Vorstellungen sind möglich: Erinnerungen an den Urlaub, das eigene Bett, der Besuch einer Kirche, bestimmte nahe stehende Personen, das Beobachten eines Aquariums, die schnurrende Katze auf dem Schoß, der Blick in die Wolken … Finden Sie Ihr persönliches Ruhebild.

Ruhebilder können gut vor der Übung eingesetzt werden, da sie bereits ablenkende Gedanken »überblenden« können. Gegen Ende der Übungen vor der Zurücknahme kann das Ruhebild das Entspannungserleben noch vertiefen. Mithilfe Ihres persönlichen Ruhebildes lässt sich auch der

Stress im Alltag besser bewältigen. So ist es etwa möglich, sich in einer anstrengenden und anspannenden Situation für kurze Zeit auf das persönliche Ruhebild zu besinnen, um eine gewisse Lockerung und Lösung zu erreichen.

Wenn Sie eine bestimmte Ruhevorstellung gefunden haben, kann diese zur Entspannungsvertiefung am Ende der Übung vor der Zurücknahme genutzt werden. Hierfür kann beispielsweise folgender Text zur Anleitung dienen: »Wie sich die Muskeln mehr und mehr gelöst und gelockert haben, kann es auch sein, dass der Geist ruhiger und stiller geworden ist. Vielleicht vertieft sich die Entspannung noch mehr, wenn Sie sich jetzt Ihr Ruhebild oder Ruheerlebnis vorstellen.«

Eine andere Möglichkeit besteht darin, das Vorstellungsbild in der Ruhephase entstehen zu lassen. Vielleicht entwickelt sich spontan das zuvor gefundene Bild, aber häufig entstehen auch andere, oft überraschende Visionen. Die Vorstellung und auch das Entspannungserlebnis können dadurch intensiviert werden, dass verschiedene Sinnesmodalitäten, also Sehen, Hören, Riechen und Körperempfindungen in die Ruhevorstellung einbezogen werden.

Auf der beiliegenden CD finden Sie einen Anleitungstext für ein Ruhebild.

Mentale Kurzentspannung

Der schwedische Verhaltenstherapeut Öst entwickelte ein speziell für Angstpatienten geeignetes Entspannungsverfahren. Er wies dabei besonders auf den Zusammenhang zwischen Angst und körperlicher Anspannung hin und leitete hieraus den therapeutischen Nutzen einer möglichst frühzeitigen und effektiven Entspannung ab. Es geht darum, die bei Ängsten auftretenden körperlichen Reaktionen bereits im Anfangsstadium wahrnehmen zu lernen. Der sich entwickelnden Angstreaktion kann auf diese Weise durch gezielte Entspannungsübungen begegnet werden. Den Anleitungstext zu diesen Übungen finden Sie auf der CD.

Diese Methode wird von Öst »Applied Relaxation« genannt, das heißt »Angewandte Entspannung«. Sie trainiert die Fähigkeit, sich innerhalb kurzer Zeit in beliebigen Alltagssituationen entspannen zu können. Die Patienten werden nach dem Erlernen der Progressiven Relaxation darin geschult, sich mithilfe eines mentalen – also geistig konzentrativen Trainings – zu entspannen, das sich in relativ kurzer Zeit durchführen lässt. Dieses mentale Training baut auf den Erfahrungen der Progressiven Relaxation auf.

Es geht ähnlich wie beim body scan darum, den Körper Schritt für Schritt geistig zu durchwandern und durch die Vorstellung von Entspannungsempfindungen einen zunehmenden Ruhezustand zu erreichen. Diese Art der mentalen Kurzentspannung ähnelt der Fortgeschrittenen-Stufe der Progressiven Relaxation. Bei der Fortgeschrittenen-Stufe werden die Anspannungs- und Entspannungszyklen nicht mehr durch tatsächliche muskuläre Anspannungen und Entspannungen, sondern nur noch in der Vorstellung vollzogen.

Öst hat allerdings eine Anleitung für die mentale Kurzentspannung vorgelegt, die sich nicht direkt auf die Übungen der Progressiven Relaxation bezieht. Da dem Autor ein direkter Bezug zu dem bereits erlernten Entspannungsverfahren sinnvoller erscheint, wird hier ein entsprechender Anleitungstext vorgestellt. Hierbei wird die Aufmerksamkeit Schritt für Schritt auf die in den zwölf Übungen der Progressiven Relaxation einbezogenen Muskelgruppen gerichtet. Ziel ist es, sich die Entspannung der jeweiligen Muskelgruppe möglichst gut vorzustellen. Diese Vorstellung trägt dann wiederum zu einer Entspannung der entsprechenden Muskeln bei. Auf diese Weise wird Schritt für Schritt der Körper »abgetastet«, wodurch sich die Entspannung zunehmend vertiefen kann.

Zur Einstimmung auf die Übung wird die Aufmerksamkeit zunächst auf die Atmung gelenkt und die Atemmuskulatur möglichst gut entspannt.

Für die einzelnen Übungsschritte sollten zu Beginn etwa 30 bis 40 Sekunden veranschlagt werden. Auf diese Weise dauert ein Übungsdurchgang etwa 6–8 Minuten. Mit zunehmender Praxis kann die Übungszeit Schritt für Schritt reduziert werden.

Übung: Mentale Kurzentspannung

Erlauben Sie Ihrer Atmung ruhig und regelmäßig zu fließen ...

Anspannung: Atmen Sie tief ein, halten Sie die Luft einige Sekunden an und achten Sie auf die Anspannung der Atemmuskulatur.

Loslassen: Erlauben Sie der Atemluft ganz hinauszuströmen ... Erlauben Sie der Atmung ruhig und gleichmäßig zu gehen ... Lassen Sie ganz los und achten Sie auf die wohltuende Lockerung und Lösung ...

Achten Sie auf eine Hand, egal auf welcher Seite, und auf einen Unterarm ... und lassen Sie ganz los, ganz locker ...

Und weiter zur anderen Hand, zum anderen Unterarm ... und loslassen. Alle Spannung ganz hinausfließen lassen ...

Weiter zu beiden Oberarmen ... und loslassen ... ganz gelöst ... ganz locker ...

Weiter zu den Schultern ... und loslassen ... ganz gelöst ... ganz entspannt ...

Weiter zu den Wangen und Kiefermuskeln ... und loslassen, ganz locker, ganz gelöst ...

Weiter zur Stirn ... und loslassen, der Stirn erlauben, ganz gelöst, ganz glatt zu sein ...

Und weiter zum Rücken ... und loslassen ... ganz gelöst, ganz entspannt ...

Und weiter zu den Bauchmuskeln ... und loslassen, ganz locker ... ganz gelöst ...

Weiter zu Gesäß und Oberschenkeln ... und loslassen ... ganz locker ... ganz gelöst ...

Weiter zu den Unterschenkeln und Füßen ... und loslassen ... ganz entspannt ... ganz gelöst ...

Die Übung kann nach dem letzten Schritt folgendermaßen zurückgenommen werden:

- Arme mehrmals fest anbeugen,
- tief durchatmen,
- Augen öffnen.

Diese Übung finden Sie auch auf der CD.

Ein wichtiger Vorteil dieser mentalen Übung besteht in dem relativ geringen Zeitaufwand. Einige wenige Minuten können in aller Regel auch viel beschäftigte und gestresste Menschen erübrigen. Dieser Aspekt ist im Hinblick auf Angstpatienten vor allem vorbeugend wichtig. Wie bereits beschrieben, können überfordernde Stressbelastungen zur Auslösung von Angstattacken beitragen. Daher bietet ein Abbau überzogener innerer Anspannungen einen gewissen Schutz davor, dass unrealistische Ängste Raum greifen können.

Außerdem ist es sinnvoll, bei den ersten Anzeichen einer ängstlichen Unruhe das mentale Kurzentspannungstraining durchzuführen. Auf diese Weise kann den bereits geschilderten, bei Angst oft auftretenden Aufschaukelungsprozessen entgegengewirkt werden.

Differenzielle Entspannung durch »loslassen«

Edmund Jacobson wollte den Menschen die Fähigkeit »mitgeben«, sich in allen Alltagssituationen optimal entspannen zu können. Dazu gehört, jede Aktivität mit einem Minimum an muskulärer Anspannung durchzuführen. So kommen sehr geschmeidige Bewegungsabläufe vor allem dadurch zu Stande, dass nur genau die Muskeln angespannt werden, die für den jeweiligen Ablauf notwendig sind, während alle anderen Muskeln möglichst entspannt bleiben.

Bei vielen Menschen sehen Bewegungsabläufe dagegen eher etwas plump aus. Dies liegt u. a. daran, dass nicht nur die für einen Bewegungsablauf benötigten Muskeln angespannt werden, sondern dass viele Muskelgruppen möglicherweise chronisch angespannt sind. Hierdurch entsteht eine deutlich sichtbare Steifigkeit. Besonders deutlich ist dieses Phänomen, wenn jemand unter Schmerzen, insbesondere unter Rückenschmerzen, leidet. Aus Angst vor einer Verschlimmerung verspannen sich viele Muskeln. Aber nicht nur Schmerz führt zu Verspannungen großer Muskelpartien. Wie bereits beschrieben leiden auch Menschen, die unter überfordernden Stressbelastungen stehen, meist unter vielfältigen Verspannungen der Muskulatur.

Ein wichtiges Anliegen für Edmund Jacobson war der Abbau unnötiger muskulöser Verspannungen. Er ging davon aus, dass chronische Anspannungen nicht nur Kraft raubend sind, sondern auch ein erhebliches gesundheitliches Risiko darstellen. Er arbeitete bereits in den 1930er-Jahren mit Managern und Geschäftsleuten, um ihnen zu helfen, überfordernde Stressbelastungen abzubauen und zu bewältigen. Hierbei sagte er einmal zu den Teilnehmern einer Gruppe zur Progressiven Relaxation sinngemäß Folgendes: »Wenn Sie als Manager oder als Firmeninhaber mit Ihrem Betrieb genauso umgehen würden wie mit sich selbst, dann wären Sie innerhalb kurzer Zeit pleite!«

Während ein guter Geschäftsmann stets darauf achten würde, dass er mit möglichst geringem Einsatz einen möglichst großen Effekt erzielt, verhält er sich im privaten Alltagsleben und im Umgang mit sich selbst oft ganz anders. Da chronische Überforderung Angststörungen begünstigt, ist es sinnvoll, sich jederzeit optimal entspannen zu können. Dies setzt allerdings eine Wahrnehmungsschulung voraus. Diese wird durch die regelmäßige Durchführung der Progressiven Relaxation erreicht. In aller Regel werden die Übenden mit der Zeit für die bei Spannung und Entspannung auftretenden Empfindungen sensibler, so dass sie lernen, Anspannungen auch in Alltagssituationen frühzeitig wahrzunehmen.

Der Prozess kann gefördert werden, indem man sich vornimmt, sein Bewusstsein wiederholt auf den körperlichen Spannungszustand zu richten. Dies kann beispielsweise dadurch geschehen, dass man von Zeit zu Zeit innehält und einmal überprüft: Wie sitze oder stehe ich? Wenn man eine kurze Pause macht oder wartet, kann man die in das Training einbezogenen Muskelgruppen im Geiste durchgehen und sich den Spannungszustand bewusst machen.

Die Ergebnisse der Lerntheorie zeigen, dass bestimmte Reize (wie z. B. das Signalwort »loslassen«), die oft in Verbindung mit einem bestimmten Zustand auftreten, eine Art Auslösekraft für diesen Zustand bekommen. Das heißt, diese Reize – also in diesem Fall das Signalwort – können den Zustand auch dann hervorrufen, wenn er ursprünglich nicht vorhanden war. Dieser Lernprozess wird als klassische Konditionierung bezeichnet.

Die Konzentration auf das Signalwort »loslassen« führt mit einiger Übungspraxis mit hoher Wahrscheinlichkeit zu einer Entspannungsreaktion.

Dieser Prozess lässt sich auch dadurch unterstützen, dass die Konzentration auf das Signalwort während des Ausatmens erfolgt. Während der Ausatmung kommt es meist zu einer Lockerung der an der Atmung beteiligten Muskulatur, so dass während der Ausatmung meist ein gewisses Absinken der Anspannung auftritt.

Signalwort »loslassen«

Falls unnötige Anspannungen identifiziert werden, ist es möglich, diese (differenziell) zu lösen. Dies kann u. a. durch den Einsatz des Signalwortes »loslassen« erreicht werden. Dieses Wort »loslassen« wurde bewusst immer wiederkehrend in den Anleitungstexten als Signal für den Prozess der Entspannung eingesetzt. Durch das wiederholte Üben kommt es zu einer konditionierten Verbindung zwischen diesem Signalwort und dem dann eintretenden Entspannungszustand.

Spannungsabbau im Alltag

Mit der differenziellen Entspannung und dem Einsatz des Signalwortes »loslassen« steht damit eine Entspannungsmöglichkeit zur Verfügung, die in fast allen Alltagssituationen eingesetzt werden kann. Der Einsatz im Alltag kann an dem folgenden Beispiel demonstriert werden. Eine Person liest ein Buch. Dabei liegt die Stirn in Falten und das Gesicht ist angespannt. Außerdem sind die Schultern angespannt und etwas hoch gezogen. Diese Person befindet sich während des Lesens im Zustand einer unnötigen Anspannung.

Die gleiche Aktivität lässt sich – oft sogar mit einem deutlich besseren Effekt – wesentlich entspannter durchführen. Untersuchungen zeigen übrigens, dass die Konzentration und die Lernfähigkeit im Zustand einer möglichst guten Entspannung deutlich besser sind, als bei innerer Unruhe und unnötiger Anspannung. Die Person aus unserem Beispiel hat sich nun zunächst mithilfe einer Körperreise unnötige muskuläre Anspannungen bewusst gemacht. Sie hat also ihre Wahrnehmung Schritt für Schritt auf die verschiedenen Muskelbereiche gelenkt. Immer dann, wenn unnötige muskuläre Anspannungen festzustellen waren, wurden diese mithilfe der Konzentration auf das Signalwort »loslassen« entspannt. So sind die Stirn und auch das gesamte Gesicht ganz gelöst und entspannt. Auch die Schultern sind entspannt herabgesunken.

Mithilfe der differenziellen Entspannung lässt sich auf die geschilderte Weise mit der Zeit ein genereller Spannungsabbau und ein Aufbau von Gelöstheit und Gelassenheit erreichen. Für Angstpatienten bietet diese Methode die zusätzliche Möglichkeit, sich beim Auftreten erster Anzeichen ängstlicher Anspannung gezielt zu entspannen.

Möglicherweise erleben einige Angstpatienten die Übungen der differenziellen Entspannung zunächst als unangenehm, weil sie zu einer Steigerung der Selbstaufmerksamkeit führt. Allerdings wurde bereits betont, dass die Übungen zur differenziellen Entspannung erst dann gemacht werden sollten, wenn bereits ausreichende Erfahrungen mit der Progressiven Relaxation gesammelt worden sind und in den Übungen ein vertiefter Ruhezustand erlebt wird. In diesen Fällen ist in aller Regel die Konfrontation mit dem eigenen Erleben und den Körperfunktionen erfolgreich verlaufen, so dass meist auch eine Habituation – also Gewöhnung an diese Empfindungen – eingetreten ist.

Falls die Übungen dennoch zunächst als unangenehm erlebt werden, braucht man nicht gleich zu resignieren. Es ist empfehlenswert, die Übungen einige Tage fortzusetzen. In aller Regel führt diese Konfrontation zu einer Gewöhnung und damit zu einem Abklingen der unangenehmen Empfindungen (Habituation). Falls dies nicht eintreten sollte, empfiehlt es sich, die Übungen nicht weiter fortzusetzen und den Rat eines Psychotherapeuten für Verhaltenstherapie einzuholen.

Kognitive Verhaltenstherapie: Denkmuster ändern

Die Kognitive Verhaltenstherapie ist eine erst in den 1970er-Jahren entstandene Richtung innerhalb der Verhaltenstherapie. Sie geht im Grunde auf frühe philosophische Strömungen zurück. So fasste der Philosoph Epiktet (geboren ca. 50 v. Chr.) in einem berühmt gewordenen Satz bereits grundlegende Aspekte prägnant zusammen:

»Menschen werden nicht durch Dinge beunruhigt, sondern durch die Sichtweise dieser Dinge.«

Die Kognitive Verhaltenstherapie geht davon aus, dass Gefühle – also auch Ängste – nicht ohne aktive Beteiligung der Betroffenen entstehen. Vielmehr spielt die Art des Denkens, des Bewertens und Interpretierens von Situationen eine herausragende Rolle dafür, wie sich jemand fühlt und ob er beispielsweise ein Angstsyndrom entwickelt.

Gedanken, die unrealistische Ängste auslösen, sind meist über viele Jahre eingeschliffen worden und laufen automatisch ab. Daher muss zunächst die Fähigkeit entwickelt werden, schnell ablaufende automatisierte Gedanken, die Angstgefühle hervorrufen oder verschlimmern, zu erkennen. Hierbei haben sich bestimmte Vorgehensweisen als hilfreich erwiesen. Beispielsweise die Technik des »konsequenten Zu-Ende-Denkens«: Bei vielen Angstpatienten fällt auf, dass ihre Gedanken plötzlich abreißen und dass Angst erregende Situationen nicht zu Ende gedacht werden. Häufig wird den Betroffenen erst in der Therapie bewusst, dass es sich bei ihren Vorstellungen um überzogene und unrealistische Ansichten und Einschätzungen handelt. Eine typische Frage, die dem Patienten helfen kann, sich seiner automatisierten Angstgedanken bewusst zu werden, lautet: »Was genau befürchten Sie, was in dieser Situation schlimmstenfalls geschehen könnte?«

Eine andere Möglichkeit besteht darin, den Patienten durch bildhafte Vorstellungen eine Identifikation automatisierter Angstgedanken zu ermöglichen. Hierbei wird der Betroffene aufgefordert, sich die Angst auslösende Situation möglichst plastisch und detailliert vorzustellen. Auf diese Weise können Erinnerungen, Körperreaktionen und Gefühle wach gerufen werden, die einen Rückschluss auf die zugrunde liegenden Gedanken ermöglichen. Nachdem der Patient gelernt hat, seine automatisierten Gedanken zu identifizieren, geht es darum, sich mit diesen bewusst auseinander zu setzen.

Katastrophisierende Gedanken erkennen und ändern

Der erste Schritt besteht darin, die unrealistischen und katastrophisierenden Gedanken zu identifizieren. Diese Art der Gedanken bezeichnet man auch als »dysfunktional«. Hierzu zählen alle, denen keinerlei positive Funktionen zur Bewältigung einer bestimmten Situation zukommen. Im Gegenteil führen sie dazu, dass unrealistische Ängste die konstruktive Handlungsfähigkeit lähmen. Nach der Identifizierung der dysfunktionalen, Angst auslösenden Gedanken geht es darum, realistischere und konstruktivere Gedanken zu entwickeln.

Es geht dabei nicht darum, sich etwas vorzumachen oder etwas schön zu reden. Vielmehr sollen realistische und konstruktive Alternativen zu den Angst auslösenden, unrealistischen Gedankenmustern herausgearbeitet werden. In diesem Prozess hat es sich als hilfreich erwiesen, Gedanken zunächst als Annahmen oder Hypothesen und nicht als unumstößliche Tatsachen anzusehen. Wenn die eigenen Gedanken als Annahmen angesehen werden, dann ergibt sich hieraus, dass sie durch verfügbare Informationen in ihrer Gültigkeit überprüft werden können. Es wird also eine Herangehensweise gewählt, die auch in der Wissenschaft üblich ist. Nicht unbewiesene Behauptungen und Vorurteile gelten, sondern letzten Endes zählen nur die real gemachten Erfahrungen. Ausgehend von dieser Überprüfung können dann Alternativen zu den ängstigenden Gedanken entwickelt und in ihrer Gültigkeit überprüft werden. Ein ausführliches Fallbeispiel (Frau K.) dafür, wie dysfunktionale Denkmuster identifiziert und entkatastrophisiert werden können, finden Sie auf den Seiten 35 ff.

Mithilfe des Arbeitsbogens »Tagesprotokoll zur Erfassung von Angstgedanken« können Sie dysfunktionale Denkmuster identifizieren und verändern.

Tab. 5: Tagesprotokoll zur Erfassung von Angstgedanken

Datum	Situations-beschreibung	Gefühl(e)	automatisierte Gedanken	realistische Gedanken	Ergebnis

- Halten Sie Datum und Uhrzeit einer Situation fest, in der Sie Angst erleben.

- Beschreiben Sie stichwortartig die Situation, in der die Angst auftauchte.

- Die Stärke der Angst schätzen Sie durch eine Zahl zwischen 0 und 10 ein, wobei eine 0 »keine Angst« und eine 10 »stärkste Angst« bedeuten. Auch möglicherweise vorhandene andere Gefühle (z. B. Ärger, Wut, Hilflosigkeit, Trauer) können Sie festhalten und in der Intensität durch entsprechende Zahlen einschätzen.

- In der Spalte »automatisierte Gedanken« notieren Sie die Gedanken, die Sie in der Situation identifizieren können. Möglicherweise fällt diese Aufgabe zu Beginn etwas schwer, da vieles derart automatisiert abläuft, dass es Ihnen kaum noch bewusst wird. Daher ist u. U. eine geradezu detektivische Herangehensweise notwendig, um sich die automatisierten, immer wieder ablaufenden Gedanken bewusst zu machen. Hilfreich ist es, sich insbesondere zu Beginn Zeit zu nehmen und sich wiederholt die Frage zu stellen, welche Einfälle und Bewertungen es sind, die derart starke Angst auslösen können. Gespräche mit vertrauten Personen sind oft eine Hilfe in diesem Bewusstwerdungsprozess. Mit der Zeit wächst in aller Regel die Sensibilität für innere Vorgänge, so dass die Angst auslösenden Gedanken stärker ins Bewusstsein treten.

- Im nächsten Arbeitsschritt unterziehen Sie dann die automatisierten Gedanken einer Bewertung. Wie realistisch sind diese Gedanken? Auf welche Erfahrungen können Sie zurückgreifen, um die Einfälle zu bewerten? Wie hilfreich sind die Gedanken, um die Situation konstruktiv zu bewältigen?

- Falls das Ergebnis der Analyse darin besteht, dass es sich um unrealistische, Angst erzeugende Gedanken handelt, geht es im nächsten Schritt um die Erarbeitung rationalerer und konstruktiverer Gedanken und Bewertungen.

- Zum Abschluss prüfen Sie, ob oder wie viel Angst bei den erarbeiteten rationaleren Gedanken entsteht. Am besten konzentrieren Sie sich einige Male auf die neuen Gedanken und Bewertungen und achten darauf, ob noch Angst zu spüren ist. Falls dies der Fall ist, wird wieder die Stärke der Angst mithilfe einer Zahl zwischen 0 und 10 eingeschätzt.

Es ist insbesondere zu Beginn schon durchaus als Erfolg zu bewerten, wenn die Angst aufgrund veränderter Gedanken teilweise zurückgeht. Wenn sie sich aufgrund der Arbeit an den Gedanken und Bewertungen vermindert, ist bereits ein wichtiger Schritt getan. Oft ist es durchaus möglich, sich mit einem erträglichen Ausmaß an Angst den Herausforderungen des Alltags zu stellen und nicht auszuweichen. Dies sollte als ein realistisches Ziel angesehen werden, da zu hoch gesteckte Erwartungen zu Enttäuschungen führen. Wichtig ist es, übersteigerte Ängste abzubauen, um die Herausforderungen des Lebens bewältigen zu können.

Das Vorgehen wird anhand eines Fallbeispiels erläutert, wobei Angst auslösende Situationen gemäß dem beschriebenen Schema durchgearbeitet wurden.

Tab. 6: Tagesprotokoll zur Erfassung von Angstgedanken (Fallbeispiel)

Datum	Situationsbeschreibung	Gefühl(e)	automatisierte Gedanken	realistische Gedanken	Ergebnis
6.7., 11 Uhr	Zwei Kunden streiten sich lautstark vor meiner Kasse darum, wer als Erster dran ist	Angst 8, Hilflosigkeit 7	Als Kassiererin bin ich dafür zuständig, dass so etwas nicht passiert. Alles muss ruhig ablaufen, sonst bin ich schuld. Es ist ein Zeichen von Schwäche, dass ich den Chef gerufen habe und nicht allein mit dieser Situation zurecht komme.	Für das Verhalten der Kunden bin ich nicht verantwortlich. Was notwendig ist, habe ich getan. Erst habe ich versucht, die Streithähne zu besänftigen, doch als das nichts brachte, habe ich den Chef gerufen. Das war so in Ordnung.	Angst 2, Hilflosigkeit 3
Beispiel: Herr M. ist als Verwaltungsangestellter tätig und leidet unter generalisierter Angst					
9.4., 9.00	Mein Vorgesetzter teilt mir mit, dass ich nach 5 Jahren einen neuen Aufgabenbereich bekommen soll.	Angst 9	Das werde ich nie schaffen. es kommt zur Katastrophe, ich werde völlig versagen. Ich werde nicht mehr weiterarbeiten können und im Elend enden.	ich habe es geschafft, mich in den jetzigen Aufgabenbereich einzuarbeiten. Jetzt habe ich sogar mehr Berufserfahrung als früher. Ich kann mir auch Hilfe bei Kollegen holen. Ich werde es schaffen.	Angst 3

Mentales Training mit Anti-Angst-Formeln

Das Wirkungsprinzip jedes mentalen Trainings besteht darin, dass Vorstellungen nicht einfach nur Gedanken sind, sondern Gefühle und Körperreaktionen beeinflussen. In diesem Sinne ist tatsächlich von Vorstellungskraft zu sprechen, da Gedanken Menschen sowohl körperlich als auch seelisch in positiver oder negativer Richtung mit bestimmen. Auf den bei Angststörungen problematischen Zusammenhang zwischen katastrophisierenden Gedanken, Angstgefühlen und entsprechenden Körperreaktionen wurde bereits hingewiesen. Die Vorstellungskraft lässt sich aber durchaus auch in konstruktiver und heilsamer Weise nutzen. Diese Möglichkeiten sind seit langer Zeit bekannt.

Professor Schultz entwickelte zu Beginn des letzten Jahrhunderts in Deutschland aus den Erfahrungen mit der Heilhypnose das Autogene

Training. Hierbei handelt es sich um ein mentales Training, also eine Methode der konzentrativen Selbstentspannung. Schultz erarbeitete einige kurze Sätze, die er als Übungsformeln bezeichnete und die verschiedene Aspekte einer erwünschten »Umschaltung« in einen vertieften körperlichen und seelischen Ruhezustand beschreiben. Die »Umschaltung« kann durch eine innere Konzentration auf die Übungsformeln erlernt werden, wobei diese in Gedanken gesprochen oder akustisch bzw. visuell vergegenwärtigt werden.

Die Konzentration beim autogenen Training umfasst nach Schultz die folgenden Übungen:

Ruhe, Schwere, Wärme, Atmung, Herz, Sonnengeflecht und Stirnkühle.

Autogenes Training hat das Ziel, die generelle Entspannungsfähigkeit zu verbessern und damit die allgemeine Gesundheit zu fördern. In der so genannten Fortgeschrittenenstufe geht es darum, sich gezielt in positiver Weise selbst zu beeinflussen.

Diese Methode wird als »formelhafte Vorsatzbildung« bezeichnet. Hierbei wird zunächst ein persönliches Problem identifiziert. Dann wird herausgearbeitet, welches Ziel angestrebt werden soll. Beispielsweise kann es vorkommen, dass jemand bereits gelernt hat, sich mithilfe des Entspannungstrainings gut zu entspannen. Dennoch gerät er in vielen Alltagssituationen in einen zu starken und unangenehmen Unruhe-Zustand. Das Ziel könnte also ein größeres Maß an Gelassenheit sein. Viele Übende haben in dieser Hinsicht mit dem folgenden formelhaften Vorsatz gute Erfahrungen gemacht:

»Jederzeit mit Ruhe und Gelassenheit.«

Die persönlichen formelhaften Vorsätze sollte man sich während des am Ende der jeweiligen Entspannungsübung erreichten Ruhezustandes vergegenwärtigen. Darunter versteht man die intensive Konzentration auf den Vorsatz. Dies kann dadurch geschehen, dass man sich einen Vorsatz in Gedanken vorspricht oder ihn denkt. Man kann sich die feste Absicht aber auch geschrieben oder gesprochen vorstellen. Es kann auch hilfreich sein, sich die Formel bildhaft auszumalen und sich den Zielzustand möglichst plastisch vorzustellen.

Hin und wieder stellen Betroffene die Frage, ob es nicht ausreicht, sich den formelhaften Vorsatz vorzustellen, ohne vorher Entspannungstraining gemacht zu haben. Dies ist sicherlich möglich. So kann es günstig sein, den auf einen Zettel geschriebenen persönlichen Vorsatz an einer gut sichtbaren Stelle anzubringen. Durch die Konzentration darauf in einem möglichst tiefen Ruhezustand kann die Bedeutung und Wirksamkeit jedoch deutlich gesteigert werden. Um es in einem Bild auszudrücken: Fügt man einem bereits voll beschriebenen Blatt Papier einen weiteren Satz hinzu, dann ist der neue Satz in dem Gesamttext unter Umständen erst nach längerem Suchen wieder auffindbar. Nimmt man dagegen ein leeres Blatt Papier und schreibt die persönliche Formel in großer Schrift darauf, dann sticht sie förmlich auf den ersten Blick ins Auge. Ähnlich ist es, wenn ein persönlicher Vorsatz im Zustand der vertieften Ruhe vergegenwärtigt wird. Er gewinnt an Bedeutung und sinkt sozusagen in tiefere Bewusstseinsschichten.

Positive Vorsätze kontra problematische Denkmuster

Die formelhafte Vorsatzbildung lässt sich im Zusammenhang mit der Progressiven Relaxation mit Gewinn nutzen. Das Prinzip besteht auch hier darin, dass der persönliche Vorsatz am Ende der jeweiligen Übung in dem dann erreichten vertieften Ruhezustand einige Male vergegenwärtigt wird. Die Wirksamkeit des mentalen Trainings steigt natürlich durch die wiederholte Konzentration. Es ist sinnvoll, den gefundenen persönlichen Leitsatz am besten in täglich durchgeführten Entspannungsübungen zu vergegenwärtigen.

Die Methode der formelhaften Vorsatzbildung kann in vielen Lebenssituationen eine wertvolle Hilfe zur Verwirklichung persönlicher Ziele darstellen. Dementsprechend ist es auch möglich, diese Methode zur Verbesserung der Angstbewältigung mit Gewinn zu nutzen. Ähnlich wie bei der Kognitiven Verhaltenstherapie geht es darum, problematische Einstellungen, Denkmuster und Zielsetzungen zu identifizieren und ihnen einen konstruktiven, positiv formulierten Vorsatz als Orientierung entgegen zu setzen.

In der langjährigen verhaltenstherapeutischen Arbeit des Autors mit Angstpatienten hat sich insbesondere bei Patienten mit Panikstörungen und Agoraphobie der folgende Vorsatz bewährt:

»Ich bin gesund genug, es auszuhalten!«

Die meisten Patienten mit Panikstörungen und Agoraphobie befürchten, dass ihnen etwas Schlimmes zustoßen könnte. Meist besteht die Kernangst darin, dass der Angstanfall zum Tode führen könnte. Es geht also darum, die Überzeugung zu stärken, dass – so schlimm der Anfall auch erlebt wird – keine tatsächliche gesundheitliche Gefahr droht. Es hat sich hierbei als hilfreich herausgestellt, dass dieser Satz deutlich macht, dass kein besonders guter Gesundheitszustand zum Überstehen eines Angstanfalles notwendig ist.

Für viele, insbesondere jüngere Angstpatienten war in dieser Hinsicht folgender Hinweis überzeugend: Es leben Millionen älterer Menschen teilweise mit einem ganzen Spektrum schwerer organischer Erkrankungen, ohne dass sie deshalb ständig in einem Krankenhaus behandelt werden müssten. Von daher wird jemand, der unter weit geringeren gesundheitlichen Einschränkungen zu leiden hat, durchaus die bei Angstanfällen auftretenden Stressreaktionen ohne gesundheitliche Schäden überstehen.

Wie bereits geschildert, ist dieses Vertrauen wichtig, um nicht in eine Aufschaukelung aus katastrophisierenden Gedanken, Zunahme der Stresserregung und dadurch verstärkte körperliche Reaktionen, die wiederum Angst auslösen, zu geraten. Das konsequente Üben mit dieser Formel hilft, das notwendige Vertrauen aufzubauen.

Es sind aber auch viele andere Anti-Angst-Formeln denkbar. Dabei ist wichtig, dass die jeweilige Formel den persönlichen Vorstellungen entspricht und dass man von ihr überzeugt ist. Es ist hilfreich, bei der Erstellung persönlicher Anti-Angst-Gedanken folgende Hinweise zu beachten:

- Verwenden Sie einfache und prägnante Sätze (»Ich bin stark«).
- Wählen Sie positive Formulierungen (»Bei anderen bin ich sicher und

frei« statt »Ich bin gegenüber anderen nicht mehr so unsicher und ängstlich«).
- Formulieren Sie Anti-Angst-Gedanken in der Gegenwartsform (»Ich bin mutig« statt »Ich werde mutig sein«).

Beispiele für Anti-Angst-Gedanken:

- Ich vertraue auf meine Kraft.
- Ich bin gesund genug, es auszuhalten.
- Ich bin stark genug, mich auf Neues einzulassen.
- Ich bewältige die Situation.
- Ich nehme alle Gefühle wahr und kann sie aushalten.
- Ich lasse mich auf andere Menschen ein und akzeptiere mich so wie ich bin.
- Ich bin genauso wertvoll wie andere Menschen auch.
- Ich habe Angst schon oft bewältigt und bewältige sie auch jetzt.
- Ich schaffe es.

Mentale Angstkonfrontation und Probehandeln

Der Abbau unrealistischer Ängste gelingt am effektivsten durch eine Gewöhnung an die Angst auslösende Situation. Diese Habituation kann jedoch nur durch Konfrontation geschehen. Stellen Sie sich der unrealistischen Angst, um sie zu überwinden. Meiden Sie Situationen, die Sie beunruhigen, nicht, sondern stellen Sie sich ihnen in der Realität.

Allerdings erscheinen vielen Betroffenen ihre Ängste zu stark, um sich ihnen direkt stellen zu können. In diesen Fällen bietet sich ein mentales Training an, wobei die Konfrontation mit der ängstigenden Situation zunächst in der Vorstellung geübt wird. Außerdem können neue Verhaltensweisen ausprobiert und eingeübt werden, was als Probehandeln bezeichnet wird. Ein weiterer Vorteil des mentalen Trainings besteht darin, dass die Situationen und Verhaltensweisen beliebig verändert und wiederholt werden können. Es lässt sich eine Art »Angstbewältigungsfilm« nach eigenem Belieben in der Vorstellung herstellen und verändern.

Der Dreh eines persönlichen Angstbewältigungsfilms

Es ist möglich, unterschiedliche Positionen in dem Angstbewältigungsfilm einzunehmen. In der »Teilnehmerposition« ist man sozusagen der Hauptdarsteller und erlebt sich als Handelnder. Dies führt zu einem intensiven Erleben der Gefühle, meist auch der Angst. Man kann aber auch eine »Beobachterposition« einnehmen. In diesem Fall betrachtet man das Geschehen aus einer sicheren Distanz, ohne zu handeln. Da die Beobachterposition Distanz schafft, erzeugt sie in aller Regel weniger intensive Gefühle und Körperreaktionen als die Teilnehmerposition. Es ist möglich, zwischen der Beobachterposition und der Teilnehmerposition sozusagen hin- und herzuschalten.

Die meisten Angstpatienten erleben es als sehr entlastend, dass sie beim mentalen Training die Kontrolle über das Geschehen haben. Neben dem Wechsel zwischen der Beobachter- und Teilnehmerposition gibt es auch eine Reihe weiterer Möglichkeiten, das Geschehen der Angst und die Intensität der auftretenden Gefühle sowie Körperreaktionen zu beeinflussen:

- Sie können sich vorstellen, eine Fernbedienung in der Hand zu halten, mit der Sie jederzeit den Film anhalten und auch ausschalten können.
- Es ist jederzeit möglich, sich bewusst zu machen, dass »alles nur eine Vorstellung, nur ein Film ist«.
- Sie können jederzeit aus der Vorstellung aussteigen und sich bewusst machen, wie Sie daliegen, können auch die Augen öffnen, Bewegungen machen oder die Übung durch die Zurücknahme ganz beenden.
- Bei zu starker Angst kann der Film auch vorübergehend leiser oder dunkler gestellt werden.
- Der Film kann auch kurz ausgeschaltet werden, um dann vielleicht nach einer kurzen Erholung fortgesetzt zu werden.
- Als Regisseur haben Sie alles in der Hand und können den Film zu einem guten Ende führen.

Das mentale Training mit dem Angstbewältigungsfilm kann beliebig oft wiederholt werden. Dabei treten in aller Regel eine zunehmende Gewöhnung (Habituation) und ein Abklingen der Angstintensität in immer kürzerer Zeit auf. Die Konfrontation und das Probehandeln in sensu (also in der Vorstellung) erleichtern erfahrungsgemäß die Konfrontation in vivo (also in der Realität) in beträchtlicher Weise. Wer in möglichst lebhaften Vorstellungsbildern bereits viele Male seine Ängste erfolgreich bewältigt und neues Verhalten eingeübt hat, dessen Mut zur Konfrontation in der Realität ist in aller Regel entsprechend mitgewachsen. Um eine vollständige Bewältigung der Angst zu erreichen, sollte natürlich auch die Umsetzung in die Realität erfolgen.

Mentales Training bei Panikattacken

Im Unterschied zu anderen Angststörungen geht es beim Paniksyndrom in aller Regel nicht um Angst vor konkreten Situationen oder Personen. Vielmehr tritt der Angstanfall meist plötzlich und unerwartet auf.

Eine Möglichkeit, einen Angstbewältigungsfilm zu erstellen, besteht darin, eine bereits erlebte Panikattacke nochmals durchzuspielen. Hierbei geht es darum, sich an die Situation möglichst genau zu erinnern und auch frühe Anzeichen des Angstanfalls mit einzubeziehen. Die real erlebten Gefühle und Körperreaktionen können noch einmal vor dem inneren Auge ablaufen. Gleichzeitig können Sie auf neu gewonnene Informationen und konstruktive Bewältigungsmöglichkeiten zurückgreifen. Dabei ist es hilfreich, sich immer wieder bewusst zu machen, dass der Angstanfall zwar eine äußerst unangenehme Erfahrung ist, aber keine gesundheitliche Gefahr darstellt. Diese Überzeugung wird durch die persönliche Anti-Angst-Formel unterstützt (»Ich bin gesund genug, es auszuhalten!«).

Außerdem wird eine Technik eingeübt, die dazu dient, die überzogene und angstvolle Selbstbeobachtung zu unterbrechen. Diese Übung besteht darin, die Aufmerksamkeit bewusst nach außen zu lenken. Hilfreich ist es dabei, alles, was zu sehen ist, in Worte zu fassen.

Beispiel: Jemand schaut aus dem Fenster und benennt alles, was er sieht: »Ich sehe vor dem Fenster einige Büsche, die etwa zwei Meter hoch sind. Ich glaube, es sind Fliederbüsche. Passend zum Frühling sind Knospen zu erkennen und die Blätter beginnen zu wachsen, so dass viele Äste mit leichtem

Grün bedeckt sind. Allerdings sehen einige Äste auch noch ganz kahl aus. Hinter den Büschen ist ein Haus zu sehen, das hellgrau angestrichen ist. Ein altes Haus, wohl so ca. 100 Jahre alt. Es hat einige Erker und Balkone ...

Eine weitere Möglichkeit besteht darin, sich auf das Signalwort »loslassen« zu konzentrieren, um sich zu entspannen. Außerdem kann die Vorstellung eines Ruhebildes zu einer größeren Entspannung beitragen.

Anleitungstext für Konfrontationsübungen bei Panikattacken

Der folgende Anleitungstext kann als Beispiel für einen Angstbewältigungsfilm bei Panikattacken dienen:

Diesen Text finden Sie auch auf der CD.

»Stellen Sie sich die Situation, in der Sie Ihren letzten Panikanfall erlitten haben, möglichst plastisch und in allen Details vor. Gehen Sie in der Zeit so weit zurück, dass Sie den Film vor Beginn der Panikattacke beginnen lassen können. Versuchen Sie sich in diese Situation möglichst intensiv hineinzuversetzen. Wo sind Sie genau ...? Was tun Sie gerade ...? Wie fühlen Sie sich ...? Welche körperlichen Empfindungen spüren Sie ...? Gibt es Gedanken ... Gefühle ... Körperempfindungen ..., die Vorboten des Angstanfalles sind ... ?Wie geht es weiter ...? Was haben Sie getan ...? Stellen Sie sich vor, wie sich die Situation weiter entwickelt ... Wie fühlen Sie sich ...? Welche Körperempfindungen nehmen Sie wahr ...? Was geht Ihnen durch den Kopf ...? Wie verhalten Sie sich ...? Lassen Sie es zu, dass alles, was zu der Situation und zu Ihrem Befinden gehört, deutlicher und deutlicher wird ... Erleben Sie die Angst und alle Begleitumstände ... deutlicher ... und deutlicher ...

... und beginnen Sie die Situation dadurch zu ändern, dass Sie sich auf Ihren Anti-Angst-Gedanken besinnen, also vielleicht »Ich bin gesund genug, es auszuhalten« ... Konzentrieren Sie sich möglichst intensiv auf Ihre Anti-Angst-Formel ... Gehen Sie noch einmal durch, was Sie über das Angstsyndrom gelernt haben ...

Beobachten Sie, was geschieht ... wie sich Ihre Körperreaktionen verändern ... wie sich Ihre Gefühle verändern ...

Sie können auch die Aufmerksamkeit nach außen lenken und eine übersteigerte Selbstbeobachtung aufgeben.

Stellen Sie sich vor, dass Sie sich in der Umgebung, in der Sie gerade sind, ganz genau umsehen und sich innerlich sagen, was Sie sehen. Ich sehe jetzt ... Dabei fällt mir auf ... Schauen Sie genau hin. Sprechen Sie innerlich alles aus, was Sie sehen ... Sie werden feststellen, dass Sie durch dieses Benennen dessen, was Sie sehen, immer genauer beobachten und mit Ihrer Aufmerksamkeit mehr und mehr bei all dem sind, das Sie umgibt.

Konzentrieren Sie sich jetzt auf das Signalwort »loslassen«, am besten bei jedem Ausatmen ... loslassen ... Beobachten Sie, was sich verändert ... Nimmt Ihre Ruhe zu ...? Werden Sie gelassener ...? Fühlen Sie sich gelöster ...? Entspannter? ... Erlauben Sie sich in eine angenehme vertiefte Ruhe einzutauchen ... und die Entspannung zu genießen ...

Vielleicht entsteht vor dem inneren Auge jetzt auch eine Ruhevorstellung ... ein innerer Ort der Ruhe und der Kraft ... Was bedeutet für Sie Ruhe und Wohlbefinden ...? Wo erleben Sie Ruhe oder haben Sie Ruhe erlebt ...? Vielleicht entsteht in Ihnen ein Bild oder eine Vorstellung oder eine Erinnerung ... Es kann ein Bild oder eine Situation aus der Natur sein ... es kann mit Menschen zusammenhängen ... Es kann dem Augenblick entstammen oder auch länger zurückliegen ... Vielleicht wird Ihre Ruhevorstellung auch deutlicher und deutlicher ... Lassen Sie zu, dass die Vorstellung und die damit verbundene Ruhe und das Wohlbefinden deutlicher und plastischer werden ... Empfinden und genießen Sie die vertiefte Ruhe.«

Die Konfrontationsübung in sensu (in der Vorstellung) erfolgt am Ende der Progressiven Relaxation in der dann erreichten vertieften Entspannung. Der Ruhezustand fördert die Vorstellungsfähigkeit. Durch das plastische Nacherleben kann die Sensibilität für eventuell vorhandene Vorzeichen erhöht werden. Es ist dann möglich, bereits beim Auftreten erster Anzeichen eines Angstanfalles durch die Konzentration auf die persönliche Anti-Angst-Formel und durch Entspannung (Signalwort) gegenzusteuern.

Im Ablauf der Konfrontationsübung folgt dann die Vorstellung der Angstattacke. Hierbei geht es wieder um ein möglichst intensives Erleben der mit dem Angstanfall verbundenen Gedanken, Gefühle, Empfindungen und Verhaltensweisen. Nachdem der Angstanfall in möglichst vielen Facetten wieder erlebt worden ist, wird nun zur aktiven Angstbewältigung übergegangen.

Die Übung zur bewussten Wahrnehmung der Umgebung führt zu einem Abbau der übermäßigen Selbstaufmerksamkeit. Dies wirkt in aller Regel entängstigend, da der Kreislauf zwischen ängstlicher Selbstbeobachtung und durch innere Unruhe verstärkte vegetative Reaktionen (Pulsbeschleunigung, Schwitzen usw.) unterbrochen wird.

Durch die Konzentration auf das Signalwort »loslassen« kann eine vertiefte Entspannung und damit ein Abbau der Angst erreicht werden. Die Entspannung wird am Ende der Konfrontationsübung durch ein persönliches Ruhebild (Ort der Ruhe und der Kraft) weiter vertieft.

Ablauf der Konzentrationsübung

- Bewusstmachen der Situation kurz vor Beginn des Angstanfalles und Wahrnehmen möglicher Vorzeichen
- Vorstellen der Angstattacke
- Anti-Angst-Formel
- Wahrnehmungsübung
- Entspannung mithilfe des Signalwortes
- Vertiefung der Entspannung durch ein persönliches Ruhebild.

Mentales Training bei Agoraphobie, sozialer Phobie, spezifischen Phobien und generalisierten Ängsten

Bei Agoraphobie, sozialer Angst und spezifischen Ängsten geht es um bestimmte Angst auslösende Situationen, wobei die Tendenz besteht, diese zu vermeiden. Die generalisierte Angst betrifft dagegen eine Vielzahl von beängstigenden Situationen und Vorstellungen. Dabei wird in aller Regel versucht, durch Vermeidungsverhalten die Angst zu reduzieren. Da dieses Verhalten die Gewöhnung an die Angst (Habituation) und damit den Abbau der Angst verhindert, ist bei allen genannten Angststörungen die Konfrontation mit den Angst auslösenden Reizen anzustreben.

Die beste Möglichkeit besteht auch hier in einer Konfrontation in vivo, das heißt die ängstigenden Situationen sollten direkt aufgesucht und bis zum Abklingen der Angst ausgehalten werden. Viele Angstpatienten fühlen sich wegen ihrer starken Furcht damit jedoch zunächst überfordert. Aus diesem Grund kann als Vorbereitung auf die Konfrontation in vivo zunächst ein mentales Training erfolgen. Dies erleichtert in aller Regel den Übergang zur Konfrontation in der Realität, da bereits eine gewisse Gewöhnung an die Angstreize und ein Probehandeln zur Angstbewältigung erfolgt ist. Für eine Konfrontation in sensu – also in der Vorstellung – bietet der Anleitungstext Seite 118 ff. die Möglichkeit zur aktiven Angstbewältigung im Rahmen eines mentalen Trainings. Auf zusätzliche Hilfestellungen wird im Folgenden eingegangen.

Agoraphobie

Um mit dem mentalen Konfrontationstraining (Anleitungstext Seite 118 ff.) sinnvoll üben zu können, sollte zunächst eine Zusammenstellung der ängstigenden und gemiedenen Situationen vorgenommen werden. Für jede Angst auslösende Situation kann die angenommene Angststärke durch die Vergabe einer Zahl zwischen 0 und 10 eingeschätzt werden. Eine 0 bedeutet hierbei »keine Angst« und eine 10 »maximale Angst«. Die Auflistung und Einschätzung der Angststärke kann mithilfe des folgenden Arbeitsbogens erfolgen (siehe Tab. 7).

Tab. 7: Arbeitsbogen zur Erfassung Angst auslösender Situationen und der jeweiligen Angststärke

Angst auslösende Situation	Angststärke zwischen 0 und 10

Wenn Sie die Auflistung der Angst auslösenden Situationen (z. B. alleine in ein Kaufhaus gehen, ein Restaurant oder Kino aufsuchen, in einer Schlange stehen, mit dem Zug fahren usw.) vorgenommen haben, können Sie diese gemäß der jeweiligen Angststärke in eine Reihenfolge bringen. Grundsätzlich können Sie mit jeder beliebigen, also sowohl der am wenigsten Angst besetzten oder auch mit der am stärksten Angst besetzten Situation beginnen. Prüfen Sie, wie viel Sie sich am Anfang zutrauen möchten. Wenn Sie mit einer stärker beunruhigenden oder vielleicht sogar mit der am meisten gefürchteten Situation beginnen, haben Sie den Vorteil, dass Ihr mentales Training möglicherweise zu schnelleren Erfolgen führt. Wenn die am meisten gefürchtete Situation bereits bewältigt wurde und keine Angst mehr auslöst, dann wird die Konfrontation mit den weniger stark Angst besetzten Situationen umso leichter fallen. Also liegt es nahe, die Konfrontation und Angstbewältigung mit der am meisten Angst auslösenden Situation zu beginnen.

Dabei ist allerdings zu bedenken, dass dies unter Umständen eine zu starke Überwindung kostet, so dass die Übung nicht durchgehalten wird. In solchen Fällen kann durchaus mit leichteren Übungen begonnen werden. Die erfolgreiche Bewältigung der leichteren Übung macht dann Mut, um sich der nächst schwierigeren zu stellen. Am besten suchen Sie sich eine Übung heraus, die Ihnen relativ schwierig, aber dennoch mithilfe der mentalen Übung zu bewältigen erscheint. Der Anleitungstext für die Konfrontationsübung (Seite 118 ff.) ist bewusst allgemein gehalten, damit Sie mit beliebigen Situationen arbeiten können. Folgen Sie den Anleitungen des Textes für die Konfrontationsübung und stellen Sie sich dabei die von Ihnen ausgewählte Situation möglichst plastisch vor. Sie werden dann durch die Übung geführt, die folgende Schritte umfasst:

- Vorstellung der Angst auslösenden Situation
- Wahrnehmung der auftretenden Gedanken, Gefühle, Körperempfindungen, des Verhaltens
- Konzentration auf Anti-Angst-Gedanken
- Entspannung mithilfe des Signalwortes
- Ruhevorstellung

Soziale Phobie

Ähnlich wie bei der Agoraphobie, können Sie den Arbeitsbogen zur Erfassung von Angstsituationen und Angststärke nutzen, um für Sie typische Angst auslösende zwischenmenschliche Situationen aufzulisten. Auch hier wird die Angststärke mithilfe einer Zahl zwischen 0 und 10 eingeschätzt, wobei eine 0 »keine Angst« und eine 10 »stärkste Angst« bedeuten. Dann werden die Angst auslösenden Situationen entsprechend der erlebten Angststärke in eine Reihenfolge gebracht. Am besten wählen Sie eine für Sie relativ schwierige Situation aus, von der Sie annehmen, dass Sie diese im mentalen Training gerade noch bewältigen können. Der Anleitungstext auf Seite 118 ff. führt sie entsprechend der oben genannten Punkte durch die Übung. Stellen Sie sich die von Ihnen ausgewählte ängstigende Situation möglichst plastisch vor, und folgen Sie den gegebenen Hinweisen.

Spezifische Phobie

Falls es sich bei Ihnen um eine spezifische Phobie handelt, brauchen Sie lediglich die entsprechende Angststärke in dem Arbeitsbogen festzuhalten. Leiden Sie unter mehreren spezifischen Phobien, notieren Sie diese auf dem Arbeitsbogen (Seite 114) und vermerken die jeweils entsprechenden Angststärken (zwischen 0 und 10). Bei mehreren spezifischen Phobien wählen Sie am besten diejenige aus, die relativ stark angstbesetzt ist, von der Sie aber glauben, dass Sie diese im mentalen Training (Anleitungstext Seite 118 ff.) bewältigen können.

Generalisierte Angststörung (GAS)

Von den vielen ängstigenden Situationen können etwa fünf ausgewählt werden, die mit besonders starken Ängsten verknüpft sind. Diese halten Sie im Arbeitsbogen fest. Es geht zudem um den Abbau des Vermeidungs- und Rückversicherungsverhaltens. Hierbei wird mehr oder weniger bewusst versucht, der Angst so gut es geht auszuweichen. Dies kann sich in ständigen Rückfragen und Rückversicherungen, in häufigen Anrufen bei nahe stehenden Personen, auf der Arbeit oder zu Hause, und in der Vermeidung von ängstigenden Aufgaben äußern. Wie Sie aus dem Fallbeispiel von Herrn B. (siehe Seite 54 ff.) wissen, ist die Konfrontation mit den

Sorgen und Ängsten ein wichtiger Therapiebaustein bei der Behandlung der GAS.

Füllen Sie also den Arbeitsbogen zur Erfassung des Rückversicherungs- und Vermeidungsverhaltens aus, wobei die Verhaltensweisen in eine Reihenfolge entsprechend der Stärke der damit verbundenen Angst gebracht werden.

Tab. 8: Arbeitsbogen zur Erfassung des Rückversicherungs- und Vermeidungsverhaltens

Datum	Welche Art der Sorge?	Angst (0–10)	Vermeidungs-/ Rückversicherungsverhalten	Angst, nachher (0–10)	Besonderheiten

Sowohl die Angst auslösenden Situationen als auch das Rückversicherungs- und Vermeidungsverhalten können in das mentale Konfrontationstraining einbezogen werden. Auch hier ist es günstig, wenn Sie zu Beginn eine für Sie relativ stark ängstigende Situation auswählen, von der Sie annehmen, dass Sie diese im mentalen Konfrontationstraining bewältigen können. Wiederholen Sie die Übung (Anleitungstext Seite 118 ff.) so oft, bis Sie nur noch wenig oder keine Angst mehr spüren. Dann suchen Sie nach Möglichkeit die Konfrontation in der Realität.

Wenn auch diese Aufgabe erfolgreich bewältigt worden ist, können Sie zur nächsten Angst auslösenden Situation übergehen und auf diese Weise Ihre Liste nach und nach abarbeiten. Denken Sie daran, sich für jeden Erfolg zu loben und sich vielleicht auch selbst zu belohnen (z. B. Kinobesuch, Musik-CD kaufen, Essen gehen usw.). Durch die Belohnung Ihrer Erfolge fördern Sie den Lernprozess und Sie kommen besser voran.

Konfrontationsübungen bei Agoraphobie, sozialer Phobie, spezifischen Phobien und generalisierter Angststörung

Zunächst sollten Sie mithilfe der Progressiven Relaxation einen möglichst tiefen Entspannungszustand erreichen. Am Ende der Übung – vor der Zurücknahme – folgt dann die jeweilige Konfrontationsübung in sensu (in der Vorstellung). Der Text ist bewusst allgemein gehalten, damit Sie mit beliebigen Situationen arbeiten können. Folgen Sie den Anleitungen für die Konfrontationsübung und stellen Sie sich dabei die von Ihnen ausgewählte Situation möglichst plastisch vor. Sie werden dann durch die Übung geführt, welche die folgenden Schritte umfasst:

Anleitungstext Konfrontationsübung in der Vorstellung

Diesen Text finde Sie auch auf der CD.

- Vorstellung der Angst auslösenden Situation
- Wahrnehmung der auftretenden Gedanken, Gefühle, Körperempfindungen des Verhaltens
- Konzentration auf Anti-Angst-Gedanken
- Entspannung mithilfe des Signalwortes
- Ruhevorstellung

Worum geht es bei der Angst auslösenden Situation ...? Haben Sie Angst, etwas zu unternehmen ...? Geht es um eine oder mehrere Personen ...? Geht es um bestimmte Situationen, Objekte oder Tiere, die Ihnen Angst machen ...? Oder geht es darum, dass Sie Angst haben, auf Rückversicherungsverhalten zu verzichten ...? Stellen Sie sich Ihr Angstthema möglichst plastisch vor ...

Was ist zu tun, damit Sie sich der Situation stellen und nicht vermeiden, nicht ausweichen ...?

Stellen Sie sich vor, Sie gehen direkt darauf zu ...

Verhalten Sie sich so, wie Sie es tun würden, wenn Sie keine Angst hätten ...

Bleiben Sie dabei ...

Gehen Sie darauf zu ...

Nehmen Sie alles genau wahr ...

Sehen Sie genau hin ... Was ist zu sehen ...?

Gehören auch Geräusche dazu ...?

Gehören auch bestimmte Düfte, Gerüche dazu ...?

Gehen Sie weiter und weiter ...

Stellen Sie sich der Situation ...

Achten Sie auf Ihre Gefühle ..., was fühlen Sie ...?

Welche Gedanken gehen Ihnen durch den Kopf ...?

Welche Körperempfindungen nehmen Sie wahr ...?

Konzentrieren Sie sich nun auf Ihre Anti-Angst-Formel ...

Wiederholen Sie Ihre Anti-Angst-Formel einige Male ... Machen Sie sich Ihre Anti-Angst-Formel ganz bewusst ...

Beobachten Sie, was geschieht ...

Verändert sich Ihre Angst ...? Klingt sie ab ...? Oder ist sie bereits abgeklungen ...?

Konzentrieren Sie sich nun auf das Signalwort »loslassen« ...

Loslassen ..., lassen Sie ganz los ...

Erlauben Sie sich, mehr und mehr loszulassen ... und in eine vertiefte Ruhe einzutauchen ...

Vielleicht entsteht vor dem inneren Auge eine Ruhevorstellung ... Was bedeuten für Sie Ruhe und Wohlbefinden ...? Wo erleben Sie Ruhe oder haben Sie Ruhe erlebt ...? Vielleicht entsteht in Ihnen ein Bild oder eine Vorstellung oder eine Erinnerung ... Es kann ein Bild oder eine Situation aus der Natur sein ... Es kann mit Menschen zusammenhängen ... Es kann dem Augenblick entstammen oder auch länger zurückliegen ... Vielleicht wird die Ruhevorstellung auch deutlicher und deutlicher ... Alles, was zu sehen ist, alle Formen, alle Farben ... Gibt es Geräusche, die mit dieser Situation verbunden sind ...? Gehören vielleicht auch bestimmte Gerüche zu dieser

Situation ...? Gibt es bestimmte Körperempfindungen wie beispielsweise das Spüren eines angenehmen kühlen Lufthauches auf der Stirn oder im Gesicht ...?

Vielleicht wird die Vorstellung und die damit verbundene Ruhe und das Wohlbefinden immer deutlicher und deutlicher ... Spüren Sie die angenehme und wohltuende Entspannung ...«

Konfrontationstraining in der Realität: Wo die Angst ist, ist der Weg

Wie Sie aus leidvoller Erfahrung wissen, verliert sich eine Angststörung nur selten von allein. Im Gegenteil, durch das nahe liegende Vermeidungsverhalten verschlimmert sie sich noch. Falls Sie mithilfe der Progressiven Relaxation und dem mentalen Konfrontationstraining bereits erfolgreich waren, sollten Sie jetzt einen Schritt weitergehen! Es geht darum, die gewonnenen Erfahrungen in die Realität umzusetzen und damit den Sieg über unrealistische Ängste zu erringen.

Hilfestellungen für die Angstbewältigung in der Realität

Die folgenden zehn Regeln helfen Ängste in der direkten Konfrontation besser zu bewältigen. Prägen Sie sich diese Regeln ein. Versuchen Sie, bei jedem Auftreten von Angst daran zu denken. Es kann auch hilfreich sein, sich diese zehn Punkte auf ein Blatt Papier zu schreiben und dies bei sich zu tragen, damit Sie die Regeln bei Bedarf nachlesen können.

Zehn Regeln zur Angstbewältigung

- Angstgefühle und dabei auftretende körperliche Reaktionen mögen zwar sehr unangenehm sein, aber es handelt sich lediglich um verstärkte normale Stressreaktionen.
- »Es droht keine gesundheitliche Gefahr: Ich bin gesund genug, es auszuhalten.«
- »Ich beobachte, was wirklich geschieht und vermeide unrealistische Katastrophisierungen.«
- »Die Angst schwächt sich ab, wenn ich an etwas anderes denke.«
- »Die Angst wird von allein abklingen, das warte ich ab.«
- »Ich beobachte, wie und wann die Angst von allein wieder abnimmt.«
- »Ich stelle mich jeder Angstsituation und ermögliche es dadurch, Fortschritte zu machen.«
- »Ich führe jede Übung bis zum Abklingen der Angst durch.«
- »Ich freue mich über meine Bemühungen und Erfolge, auch die kleinsten, und lobe mich dafür.«
- »Für die Übungen nehme ich mir ausreichend Zeit.«

Die Beachtung dieser Regeln hilft, sich der Angst zu stellen und sie aktiv zu bewältigen. Die folgenden Hinweise können ebenfalls eine Hilfestellung zum konstruktiven Umgang mit der Angst bieten und dienen als sinnvolle Vorbereitung auf das Konfrontationstraining:

Gesundheitscheck

Die meisten Angstpatienten suchen häufig Ärzte auf und lassen sich umfassend untersuchen. Als Ergebnis ergibt sich in aller Regel, dass kein krankhafter Organbefund vorliegt, der die bei den Angststörungen auftretenden Symptome erklären könnte. Falls ein Gesundheitsscheck aber noch ausstehen sollte, kann es hilfreich sein, sich vom Arzt untersuchen zu lassen. Die Feststellung, dass nichts Gravierendes vorliegt, kann Ihnen helfen, Mut und Zuversicht zu stärken. Es sollte dann aber bei dieser einen Untersuchung bleiben und ein »Doktor-Shopping« mit vielen unnötigen Untersuchungen unterbleiben.

Bei Angst und Panik: Bewegung

Bei einem Panikanfall, aber auch bei starken Ängsten glauben die meisten Menschen, dass sie sich unbedingt still verhalten sollten, um nichts zu verschlimmern. Viel besser ist aber möglichst intensive körperliche Betätigung, da hierdurch vermehrt ausgeschüttete Stresshormone abgebaut werden.

Bewegung mit ruhiger Atmung kombinieren

Bei Ängsten kommt es wegen des hohen Erregungsniveaus meist zu verstärkter Atmung. Dies kann dann zu einem überhöhten Sauerstoffgehalt im Blut bei gleichzeitig nicht ausreichendem Kohlendioxid führen (Hyperventilation). Zwar ist dies gesundheitlich völlig ungefährlich, aber es können sehr unangenehme Symptome wie Kribbeln und Verkrampfungen daraus folgen. Versuchen Sie daher ruhig ein- und vor allem etwas länger auszuatmen. Bereits dadurch lässt sich die Hyperventilation abbauen. Wenn Sie sich zusätzlich noch bewegen, wird der zu viel eingeatmete Sauerstoff in Kohlendioxid umgewandelt, so dass die Balance wieder hergestellt ist. Die Symptome werden dann wieder abklingen. Auf die oft empfohlene Rückatmung in eine Plastiktüte kann bei diesem Vorgehen in aller Regel verzichtet werden.

Angst kommen und gehen lassen

Der Kampf gegen die Angst erhöht nur die innere Anspannung. Daher ist es günstiger, die Angst zuzulassen, die dann umso schneller von alleine wieder abklingen wird. Da die Symptome nicht gefährlich sind, brauchen Sie diese auch nicht zu kontrollieren.

Aufmerksamkeit nach außen richten

Bei Angst und Panik kommt es meist zu einer übersteigerten ängstlichen Selbstbeobachtung. Um aus diesem Teufelskreis herauszukommen, ist es günstig, die Aufmerksamkeit nach außen zu lenken. Damit unterbrechen Sie die angstvolle Selbstbeobachtung.

Angstpatienten neigen häufig zu einem Schonverhalten.

Sie halten sich nicht für belastbar. Diese Vorstellung ist aber völlig falsch. Durch die Schonung nimmt bereits innerhalb weniger Wochen die Kondition deutlich ab. Sorgen Sie also unbedingt für ausreichende körperliche Aktivität. Das lustvolle Erleben einer allgemeinen Aktivierung und u. a. eines schnelleren Pulses hilft, ängstliche Beobachtung von Körperfunktionen aufzugeben und Vertrauen in die eigene Leistungsfähigkeit aufzubauen. Da ein trainierter Mensch einen niedrigeren und stabileren Ruhepuls entwickelt, der auch bei Stress langsamer ist und weniger stark ansteigt, liegt hierin ein weiterer Anti-Angst-Effekt.

Bei der Auswahl sportlicher Aktivitäten ist entscheidend, dass die Bewegung Ihnen Spaß bringt. Überforderungen und Leistungsdruck sollten Sie vermeiden. Eine an Freude und Lust orientierte Haltung kann zu einer Art »Selbstverstärkungsprogramm« führen, das Sie motiviert weiterzumachen.

Motivationsprobleme bei Sport und Bewegung lassen sich durch die Beachtung folgender Punkte vermeiden:

- Vermeiden Sie Überforderung, nehmen Sie sich nicht zu viel auf einmal vor;
- testen Sie, was Ihnen am meisten Spaß macht;
- planen Sie Trainingstermine fest im Kalender ein;
- treiben Sie mit Freunden Sport oder treten Sie einem Verein bzw. einem Sportstudio bei; machen Sie bei einem Lauftreff mit;
- sorgen Sie für Abwechslung;
- achten Sie auf die Signale des Körpers; gehen Sie rücksichtsvoll mit dem eigenen Körper um;
- werfen Sie die Flinte nicht zu schnell ins Korn: auf die Dauer kommt die Power!

Wichtig ist, dass Art und Dauer des Ausgleichssports der individuellen Leistungsfähigkeit entsprechen. Leitlinien sollten die Freude an der Bewegung und das Wohlbefinden sein. Am besten ist es, wenn ausgleichende Bewegung zum Ablauf eines jeden Tages dazugehört.

Die von den Krankenkassen propagierte Aktion »Trimmung 130« gibt Herz-Kreislauf-Gesunden eine einfache Regel an die Hand, die bei Befolgung sowohl Überforderung als auch Unterforderung verhindert. Mithilfe von Pulskontrollen kann die Intensität der Belastung so gewählt werden, dass für mindestens zehn Minuten Pulsfrequenzen von 130 erreicht, aber nicht wesentlich überschritten werden. Eine Regel für die anzustrebende Trainingspulsfrequenz, die das jeweilige Alter berücksichtigt, lautet:

Trainingspuls = 180 – Lebensalter

Ein 20-Jähriger kann sich im Training so belasten, dass sein Puls auf höchstens 160 Schläge pro Minute ansteigt, während ein 50-Jähriger nicht über 130 Schläge pro Minute kommen sollte.

Direkte Konfrontation bei Panikattacken

Eine direkte Konfrontation erscheint bei Panikstörungen auf den ersten Blick schwierig, da sie anfallsartig plötzlich hereinbrechen. Dennoch ist es nützlich, sich für eine möglicherweise auftretende Panikattacke eine Handlungsstrategie zurecht zu legen. Diese wird in den zehn Regeln zur Angst- und Panikbewältigung auf Seite 121 beschrieben.

Es ist günstig, sich vor allem zu Beginn der aktiven Auseinandersetzung mit der Panikstörung nicht durch zu hoch gesteckte Ziele unter Druck zu setzen. Zunächst sollte es um ein aktives Krisenmanagement gehen. Es ist eher unrealistisch, dass die Panikanfälle auf einen Schlag aufhören. Daher sollte Ihr Ziel zunächst darin liegen, die Panikattacken besser bewältigen zu lernen, damit diese weniger intensiv ausfallen und zunehmend kürzer andauern.

Die wachsende Sicherheit bei der Bewältigung der Panikanfälle reduziert dann die meist bestehende »Angst vor der Angst«. Oft stellt die Erwartungsangst einen wichtigen oder vielleicht sogar den wichtigsten Grund für das Auftreten der Angstanfälle dar. Wenn durch eine verbesserte Fähigkeit zur Angstbewältigung das Vertrauen in die eigene Kompetenz wächst und Hilflosigkeitsgefühle abnehmen, wird hiermit ein wichtiger Auslöser für die Entstehung von Panikanfällen abgebaut.

Meist vermeiden Panikpatienten bestimmte Situationen und/oder Orte, da sie fürchten, dass hier ein Panikanfall auftreten könnte. Der Übergang zur Agoraphobie ist daher fließend. Machen Sie sich bewusst, ob es ein derartiges Vermeidungsverhalten bei Ihnen gibt. Stellen Sie sich Ihrer Angst und suchen Sie entsprechende Situationen gezielt auf, um sie bewältigen zu lernen. Wo die Angst ist, ist der Weg!

Im Arbeitsbogen auf Seite 114 können Sie Situationen notieren, die Sie aus Angst vor einem möglichen Panikanfall vermeiden. Wenn Sie die Auflistung der Angst auslösenden Situationen vorgenommen haben, können Sie diese gemäß der jeweiligen Angststärke in eine Reihenfolge bringen. Grundsätzlich können Sie mit jeder beliebigen, also sowohl mit der am wenigsten angstbesetzten oder auch mit der am stärksten angstbesetzten Situation beginnen. Prüfen Sie, wie viel Sie sich am Anfang zutrauen möchten. Wenn Sie mit einer stärker ängstigenden Situation oder vielleicht sogar mit der am meisten gefürchteten Situation beginnen, haben Sie den Vorteil, dass das Training möglicherweise zu schnelleren Erfolgen führt.

Konfrontieren Sie sich und gehen Sie entsprechend der in den zehn Regeln (siehe Seite 121) gegebenen Hinweise vor. Dann werden Sie das Abklingen der Angst erleben. Wiederholen Sie die Konfrontation möglichst oft, denn dadurch kommt es zur Gewöhnung (Habituation) und zum Abklingen der Angst.

Direktes Konfrontationstraining bei Agoraphobie, sozialer Phobie und spezifischen Phobien

Zunächst gehen Sie genauso vor wie beim mentalen Training. Wenn Sie den Arbeitsbogen auf Seite 114 ausgefüllt haben, haben Sie bereits eine Aufstellung Angst auslösender Situationen. Andernfalls füllen Sie den Bogen entsprechend der gegebenen Hinweise aus.

Beginnen Sie die Konfrontationsübungen mit der gleichen Situation, die Sie bereits im mentalen Training durchgespielt haben. Falls Sie ohne mentale Vorbereitung beginnen wollen, wählen Sie sich am besten aus dem Arbeitsbogen eine für Sie relativ schwierige Situation, von der Sie annehmen, dass Sie diese in der direkten Konfrontation bewältigen können.

In der direkten Konfrontation gehen Sie ähnlich wie im mentalen Training vor. Versuchen Sie die Angst kommen und wieder gehen zu lassen. Erleben Sie, wie die Angst sich vielleicht zunächst steigert, aber dann von allein wieder abklingt (siehe Angstkurve auf Seite 43). Sie können sich dabei auf Ihre Anti-Angst-Formel besinnen, also z. B. »Ich bin gesund genug, es auszuhalten«. Möglicherweise reicht dies schon, Ihre Angst abklingen zu lassen. Eine Bewältigung ohne weitere Hilfsmittel ist sehr günstig, da hierdurch der angestrebte Gewöhnungsprozess am schnellsten erfolgt.

Falls die Angst als zu stark erscheinen sollte, besteht die Möglichkeit, die Aufmerksamkeit mithilfe der auf Seite 110 f. geschilderten Methode nach außen zu lenken und dadurch eine ängstliche Selbstbeobachtung aufzugeben. Eine weitere Möglichkeit besteht in der Konzentration auf das Signalwort »loslassen«, wobei Sie versuchen, die Muskeln zu lockern und sich zu entspannen.

Der Prozess der Gewöhnung an die Angst auslösende Situation (Habituation) kann unterschiedlich lange dauern. Bei noch »frischen« Angststörungen, die noch nicht durch Vermeidungsverhalten verfestigt sind, kann der Prozess der Habituation unter Umständen innerhalb von Minuten erfolgen. Anders ist es meist bei bereits jahre- oder jahrzehntelang bestehenden Formen. Hier kann es manchmal Stunden dauern, bis unangemessen starke Ängste vor harmlosen Reizen abklingen. Meist reicht auch nicht eine einmalige Konfrontation. Vielmehr muss die Konfrontation mit dem zwar harmlosen, aber Angst auslösenden Reiz oft wiederholt werden.

Bei der Konfrontation (z. B. Besuch eines Kaufhauses, Restaurants oder Kinos; Fahrstuhlfahren, auf einen Turm steigen usw.) ergibt sich in aller Regel der in der Abbildung 4 auf Seite 44 dargestellte Verlauf. Bei der ersten Reizkonfrontation kommt es möglicherweise noch zu einer relativ intensiven Angstreaktion, die mehr oder weniger lange anhält, bevor sie abklingt. In den darauf folgenden wiederholten Reizkonfrontationen treten zwar ebenfalls Angstreaktionen auf, wobei diese jedoch meist sowohl in der Intensität als auch in der Dauer geringer ausfallen, bis schließlich die Habituation erreicht ist.

Setzen Sie alles daran, in der jeweiligen Situation zu verbleiben, bis die Angst von allein wieder abklingt. Für eine erfolgreiche Bewältigung muss die Angst nicht auf Null abgesunken sein. Es geht vor allem zu Beginn darum, dass die Stärke so weit zurückgeht, dass Sie sie aushalten können und nicht zu flüchten brauchen. Laufen Sie nicht weg! Weichen Sie nicht aus! Die Unruhe wird abklingen, wenn Sie sich lange genug der Situation stellen! Sie wissen, dass die Angst durch das Vermeidungsverhalten stärker wird, daher also das Vermeidungsverhalten meiden und standhaft bleiben! Sagen Sie sich: »Ich halte durch, was auch immer passiert.« »Ich bin gesund genug, es auszuhalten.«

Falls es nicht klappen sollte und Ihnen die Angst trotz aller Vorbereitung übermächtig erscheint, weichen Sie etwas zurück, ohne gleich zu flüchten. Notfalls entfernen Sie sich nur ein kleines Stück vom Angst besetzten Ort. Kehren Sie nach kurzer Erholung wieder zurück und stellen Sie sich der Situation, bis Sie die Übung mit einem Erfolgserlebnis beenden können. Wiederholen Sie die Übung dann am besten am gleichen Tag so oft, bis Sie die Angst bewältigt haben. Wenn es Ihnen gelungen ist, die Angst durch das Konfrontationstraining zu bewältigen, sollten Sie daran denken, sich für diesen Erfolg zu loben. Wir lernen am besten, wenn das erwünschte Verhalten positive Konsequenzen hat. Also sparen Sie nicht mit Eigenlob, in diesem Fall ist es eine wichtige Medizin.

Wenn der Anfang gemacht ist und Sie bereits ein Angstthema erfolgreich angegangen sind, wird das ihr Selbstvertrauen und ihre Zuversicht verstärken. Jetzt nicht stehen bleiben, sondern den Schwung nutzen, um sich auch auf die beschriebene Weise den übrigen Angst besetzten Situationen zu stellen. Führen Sie die Übungen so lange durch, bis Sie alle Situationen auf Ihrem Arbeitsbogen bewältigt haben.

Im Folgenden finden Sie einen Protokollbogen, mit dessen Hilfe Sie Ihre Erfahrungen mit den Konfrontationsübungen systematisch festhalten können. Durch das Ausfüllen des Bogens nach den jeweiligen Übungen wird der Verlauf des Konfrontationstrainings deutlich. Ein Beispiel-Protokollbogen aus dem Fallbeispiel von Seite 26 ff. finden Sie auf Seite 30.

Tab. 9: Protokollbogen für Konfrontationsübungen

Datum/ Uhrzeit	Übungs-situation	Übung bis zum Ende durchgeführt	Angststärke zu Beginn (0–10)	Körperliche Symptome	Gedanken	Dauer bis zum Abklingen

Direktes Konfrontationstraining bei generalisierter Angststörung

Die ausufernden Sorgen werden am besten durch das mentale Konfrontationstraining auf die bereits geschilderte Weise (siehe Seite 113) bearbeitet. Eine Konfrontation in vivo (also in der Realität) ist wegen des diffusen Charakters der vielfältigen und wechselnden Sorgen meist kaum möglich. Anders ist es bei dem von GAS-Patienten in aller Regel ebenfalls gezeigten Vermeidungs- und Rückversicherungsverhalten. Hier sollte ein Konfrontationstraining in vivo erfolgen, um die unrealistischen Ängste zu überwinden.

Vermeidungs- und Rückversicherungsverhalten verhindern, dass es zu einer Gewöhnung an die ängstigenden Situationen kommt. Falls das mentale Konfrontationstraining durchgeführt wurde, kann in ähnlicher Weise bei der Konfrontation in vivo vorgegangen werden (siehe auch die Ausführungen im Kapitel Konfrontationstraining bei Agoraphobie, sozialer Phobie und spezifischen Phobien auf Seite 118 ff.).

Zunächst sollten Sie Ihr Vermeidungs- und Rückversicherungsverhalten möglichst genau identifizieren. Falls der Arbeitsbogen zur Erfassung des Rückversicherungs- und Vermeidungsverhaltens auf Seite 117 bereits ausgefüllt worden ist, können Sie auf die dortige Auflistung zurückgreifen. Ansonsten sollte er jetzt ausgefüllt werden, wobei Sie die Verhaltensweisen in eine Reihenfolge entsprechend der damit verbundenen Angst bringen. Sowohl die Angst auslösenden Situationen als auch das Rückversicherungs- und Vermeidungsverhalten können in das Konfrontationstraining einbezogen werden. Auch hier ist es günstig, wenn Sie zu Beginn eine relativ stark ängstigende Situation auswählen, von der Sie annehmen, dass Sie diese im Konfrontationstraining bewältigen können. Wiederholen Sie die Konfrontation so lange und so oft, bis Sie nur noch wenig oder keine Angst mehr spüren.

Für die Konfrontationsübung sollten Sie anfangs eine Situation auswählen, die sich ohne größere zusätzliche organisatorische Probleme angehen lässt. Zum Aufzeichnen der Übungserfahrungen können Sie den Protokollbogen zu Konfrontationsübungen bei Vermeidungs- und Rückversicherungsverhalten einsetzen.

Tab. 10: Protokollbogen zu Konfrontationsübungen bei Vermeidungs- u. Rückversicherungsverhalte

Datum	Vermeidungs-/ Rückversicherungsverhalten	Angst zu Beginn (0–10)	Konfrontation	Angst, nachher (0–10)	Besonderheiten

Wenn Sie diese Aufgabe erfolgreich bewältigt haben, können Sie zur nächsten Angst auslösenden Situation übergehen und auf diese Weise Ihre Liste nach und nach abarbeiten. Denken Sie daran, sich für jeden Erfolg zu loben und sich vielleicht auch selbst zu belohnen.

Hinweise zur Durchführung der Konfrontationsübungen:

- Entscheiden Sie sich für ein genau beschreibbares Vermeidungs- oder Rückversicherungsverhalten.
- Nehmen Sie sich für die Konfrontation ausreichend Zeit, da es bis zum Abklingen der Angst durchaus Stunden dauern kann.
- Ziel der Konfrontation ist das Auftreten von Angst! Nur dadurch können eine Gewöhnung und damit ein Abklingen der Angst (Habituation) erfolgen.
- Bleiben Sie standhaft, auch wenn die Angst stärker wird, weichen Sie nicht aus! Die Angst wird von allein abklingen!
- Erst bei einem deutlichen Nachlassen der Angst beenden Sie die Übung.
- Wiederholen Sie die Konfrontationsübung so oft, bis keine oder nur noch wenig Angst auftritt.
- Falls es nicht klappen und Sie der Angst doch nachgeben sollten: Seien Sie nicht böse mit sich, aber wiederholen Sie die Übung möglichst schnell wieder.
- Denken Sie daran, dass Sie sich für jede erfolgreich durchgeführte Übung belohnen!

Einige Worte zum Schluss

Vielleicht haben die Informationen und das neu entwickelte Behandlungsprogramm der Progressiven Angstbewältigung Sie dabei unterstützen können, unrealistische Ängste in Selbsthilfe zu bewältigen. Oder Ihre Verhaltenstherapie konnte durch die begleitende Lektüre und die angebotenen Übungen in ihrer Effektivität gesteigert werden. Dann wären die wichtigsten Ziele dieses Buches erreicht, und ich gratuliere Ihnen zu Ihrem Erfolg.

Allerdings können Angststörungen sehr hartnäckig sein. Dies gilt vor allem dann, wenn die Störung bereits viele Jahre unbehandelt besteht und chronifiziert ist. Es können vielfältige Faktoren eine Rolle spielen, die trotz intensiver therapeutischer Bemühungen die Störung aufrecht erhalten. Im Kapitel über »Zusammenhänge zwischen Stress und Angst« wurde bereits auf die Bedeutung von Lebensbelastungen und Stress für die Entwicklung und Verschlimmerung von Angststörungen hingewiesen. Es ist möglich, dass die Arbeit an der Angst allein nicht ausreicht, sondern dass weitere Aspekte der Lebenssituation und -führung einbezogen werden müssen.

Nicht selten gibt es bei allem Leid aufgrund der Störung sogar versteckte, meist unbewusste »Vorteile«, die die Störung aufrechterhalten.

Beispiel: Der 38-jährige Herr L. leidet seit vielen Jahren unter Panikattacken sowie weiteren Ängsten. Obwohl er sich bereits seit längerer Zeit in einer Verhaltenstherapie befindet und auch wiederholt Konfrontationsübungen mit Erfolg durchgeführt hat, erleidet er immer wieder Rückfälle, so dass sogar seine Erwerbstätigkeit bedroht ist. Als er eines Tages mit seiner Kusine, die ihn und seine Lebenssituation seit der Kindheit gut kennt, über die immer wiederkehrenden Ängste spricht, stellt diese ihm überraschende Fragen: »Bist Du Dir wirklich sicher, dass Du Deine Ängste tatsächlich ganz loswerden willst? Oder hältst Du an ihnen unbewusst fest? Hast Du vielleicht auch Vorteile durch Deine Ängste?« Über diese Fragen ist er schockiert und verärgert. Wie kann die Kusine ihn Derartiges fragen, wo sie doch weiß, wie sehr er unter seinen Ängsten leidet?

Voller Zorn berichtet er das Geschehene seiner Frau. Sie gibt ihm zu bedenken, dass er einmal überlegen solle, warum er sich so sehr über die Fragen aufregt. Könnte es daran liegen, dass die Kusine einen »wunden Punkt« und »ins Schwarze« getroffen hat? Zunächst weist er diese Möglichkeit empört von sich. Aber die Fragen lassen ihm keine Ruhe. Nach und nach fallen ihm Situationen ein, in denen er tatsächlich neben dem Leiden auch Vorteile aus seinen Ängsten und Beschwerden gezogen hat. Häufig verstärkten sich die Ängste, wenn unangenehme Besuche bevorstanden, sodass er dann wegen seiner Beschwerden zu Hause bleiben musste (oder durfte). Ebenso war es bei Konflikten: Wegen seiner Ängste schob er fällige Auseinandersetzungen und Aussprachen vor sich her, weil er sich diesen nicht gewachsen fühlte. Auch für wichtige Entscheidungen fehlte ihm wegen der Angst oft die Kraft, sodass er sich um einen klaren Standpunkt herumdrücken konnte. Bei beruflichen Herausforderungen und Enttäuschungen waren die Ängste wiederholt so stark geworden, dass er zu Hause bleiben musste und dadurch der Konfrontation mit der Realität auswich. Seit er sich diesen unangenehmen Wahrheiten stellt, geht es mit seiner Therapie deutlich besser voran. Er setzt sich mit bisher ungelösten oder unzureichend bearbeiteten Lebensproblemen bewusst auseinander und kann dadurch seine Ängste mehr und mehr loslassen.

Bei hartnäckigen, trotz aller Bemühungen fest sitzenden Ängsten sollte daher geprüft werden, ob bisher übersehene oder nicht bearbeitete Lebensprobleme als aufrechterhaltende Faktoren wirken. Dies geschieht am besten in Rahmen einer Verhaltenstherapie bei psychologischen oder ärztlichen PsychotherapeutInnen.

Neben Verhaltenstherapie in Einzelsitzungen oder in Gruppen kann auch die Teilnahme an den Treffen von Selbsthilfegruppen für AngstpatientInnen hilfreich sein. Hier haben die TeilnehmerInnen die Möglichkeit, sich im Kreis ebenfalls Betroffener über ihre Probleme sowie Fortschritte auszutauschen und sich gegenseitig zu unterstützen. Kontaktadressen für Selbsthilfegruppen kann man bei den örtlichen Gesundheitsämtern erfragen.

Im Internet ist ebenfalls eine sehr aktive Selbsthilfebewegung zu finden. So bietet beispielsweise die umfangreichste Selbsthilfehomepage unter www.angstselbsthilfe.de aktuelle Informationen, Literaturhinweise und Erfahrungsberichte von Betroffenen. In einem Chat können sich Interessierte anonym austauschen. Auch in Gesundheitsplattformen wie z. B. unter www.netdoctor.de werden Informationen zum Thema Angst geboten. Informationen zu Entspannungsverfahren erhalten Sie unter www.entspannungsverfahren.com oder bei:

Geschäftsstelle der Psychologische Fachgruppe Entspannungsverfahren im BDP

Semmelweisstr. 10, 50767 Köln, E-Mail: DP.Elis.Westhoff@gmx.de

Literatur

Andre, C. & Legeron, P. (2001). Bammel, Panik, Gänsehaut. Die Angst vor den anderen. Berlin: Aufbau TB.

Baker, R. (2001). Wenn plötzlich die Angst kommt. Panikattacken verstehen und überwinden. Wuppertal: R. Brockhaus.

Bassett, L. (2000). Angstfrei leben. Das erfolgreiche Selbsthilfeprogramm gegen Stress und Panik. Weinheim: Beltz.

Brenner, H. (2002): Autogenes Training. Lengerich, Berlin: Pabst Science Publisher.

Brenner, H. (1993): Entspannungstraining. Lengerich, Berlin: Pabst Science Publisher.

Buchmann, K. E. (1990): Die Kunst der Gelassenheit. Freiburg: Herder.

Deuchert, M. & Petermann, U. (1994): Angststörungen. In: Vaitl. D. & Petermann, F. (Hrsg.): Handbuch der Entspannungsverfahren. Band 2: Grundlagen und Methoden. Weinheim: Psychologie Verlags Union (19–56).

Gröninger, S. & Stade-Gröninger, J. (1996): Progressive Relaxation. Indikation, Anwendung, Forschung, Honorierung. München: Pfeiffer-Verlag.

Hamm, A. (2000): Progressive Muskelentspannung. In: Vaitl, D. & Petermann, F. (Hrsg.): Handbuch der Entspannungsverfahren. Band 1: Grundlagen und Methoden. Weinheim: Psychologie Verlags Union (305–336).

Jacobson, E. (1938): Progressive Relaxation. Chicago: University Press.

Jacobson, E. (1990): Entspannung als Therapie. Progressive Relaxation in Theorie und Praxis, München: Pfeiffer.

Hambly, K. (2000). Am liebsten ginge ich nicht mehr aus dem Haus. Agoraphobie und Panikattacken überwinden. Weinheim: Beltz.

Hippius, H., Klein, H. E. & Strian, F. (1999). Angstsynrome. Diagnostik und Therapie. Berlin: Springer.

Krampen, G. (1992): Einführungskurse zum Autogenen Training: Ein Lehr- und Übungsbuch für die psychosoziale Praxis. Göttingen: Verlag für Angewandte Psychologie.

Marchand, A. & Letarte, A. (2000). Keine Panik mehr. Selbsthilfe bei Panikattacken. Freiburg: Herder.

Morschitzky, H. (2003). Die zehn Gesichter der Angst. Ein Selbsthilfe-Programm in 7 Schritten. Düsseldorf und Zürich: Walter.

Ohm, D. (1992). Progressive Relaxation. Überblick über Anwendungsgebiete, Praxiserfahrungen und neuere Forschungsergebnisse. Report Psychologie 17 (1), 27–43.

Ohm, D. (1994). Entspannungstraining – Forschungsergebnisse und praktische Erfahrungen zu Autogenem Training, Progressiver Relaxation und Anwendungskombinationen. In: Zielke, M. & Sturm, J. (Hrsg.): Handbuch der stationären Verhaltenstherapie. Weinheim: Psychologie Verlags Union, 378–394.

Ohm, D. (2000): Progressive Relaxation für Kids. Die praktische Anleitung: So üben Sie die Tiefmuskelentspannung mit Ihrem Kind. Stuttgart: TRIAS Verlag.

Ohm, D. (2003[4]): Stressfrei durch Progressive Relaxation. Stuttgart: TRIAS Verlag.

Rachmann, S. (2000). Angst. Diagnose, Klassifikation und Therapie. Göttingen: H. Huber.

Schmidt-Traub, S. (2000). Panikstörung und Agoraphobie. Ein Therapiemanual. Göttingen: Hogrefe.

Schmidt-Traub, S. (2001). Angst bewältigen. Selbsthilfe bei Panik und Agoraphobie. Berlin: Springer.

Wittchen, H.-U. (1999). Wenn Angst krank macht. Störungen erkennen, verstehen und behandeln. München: Mosaik.

Wolf, D. (2001). Ängste verstehen und überwinden. Gezielte Strategien für ein Leben ohne Angst. Mannheim: PAL-Verlag.

Schultz, J. H. (1979[16]): Das Autogene Training (Konzentrative Selbstentspannung): Versuch einer klinisch-praktischen Darstellung. Stuttgart: Thieme.

Vaitl, D. (1993). Psychophysiologie der Entspannung. In: Vaitl, D. & Petermann, F. (Hrsg.): Handbuch der Entspannungsverfahren. Band 1: Grundlagen und Methoden. Weinheim: Psychologie Verlags Union (25–63).

CDs

Ohm, D. (2003): Stressfrei durch Progressive Relaxation. TRIAS Relax CD. Stuttgart: TRIAS Verlag.

Ohm, D. (1999). Progressive Relaxation für Kids. – Nur kein Stress: Wie Du ganz easy durch jede uncoole Situation kommst. CD. Stuttgart: TRIAS Verlag.

Zu den Übungen der beiliegenden CD

Zur Progressiven Relaxation in zwölf Schritten

Besonders sicher erlernen Sie die Progressive Relaxation durch die Teilnahme an einem qualifiziert angeleiteten Kurs. Ein derartiger Kurs sollte von Diplom-PsychologInnen oder ÄrztInnen mit einer entsprechenden Zusatzausbildung geleitet werden. Kurse werden u.a. von Volkshochschulen und Krankenkassen sowie niedergelassenen psychologischen und ärztlichen PsychotherapeutInnen angeboten.

Aber auch die Anleitungstexte auf der CD bieten Ihnen eine Möglichkeit, die Progressive Relaxation zu erlernen. Außerdem kann die CD zur Kursbegleitung oder zum Auffrischen des Erlernten dienen. Wie im Buch beschrieben, finden sich auf der CD Anleitungstexte für die Übung in zwölf Schritten und für die Kurzform in sieben Schritten.

Zunächst sollte die Übung in zwölf Schritten erlernt werden. Danach kann zur Kurzform übergegangen werden. Die Übung in zwölf Schritten ist in zwei Teile gegliedert:

1. Entspannung von Armen, Schultern und Gesicht
2. Entspannung von Brustkorb, Rücken, Bauch und Beinen.

Zunächst sollte mit dem ersten Übungsteil am besten ein- bis dreimal begonnen werden. Dann kommt der zweite Übungsteil hinzu, so dass die Übung als Ganzes durchgeführt wird. Die Übung umfasst insgesamt etwa 20 Minuten.

Einen Überblick über die zwölf Übungen der Progressiven Relaxation gibt Tabelle 3 auf S. 80.

Zur Kurzform in sieben Schritten

Die Kurzformen sind vor allem für diejenigen gedacht, die mit der längeren Übung bereits gut vertraut geworden sind. Für diese Übung werden etwa 10 Minuten benötigt. Weitere Informationen finden Sie im Buch ab S. 89.

Zu den weiteren Übungsteilen der CD

Nachdem einige Erfahrungen mit der Progressiven Relaxation gewonnen worden sind, kann zum mentalen Training übergegangen werden. Es finden sich auf der CD zwei Anleitungstexte:

- Mentales Training bei Panikattacken
- Mentales Training bei Agoraphobie, sozialer Phobie, spezifischen Phobien und generalisierten Ängsten

Erläuterungen zu diesen Anleitungstexten – wie auch zum Ruhebild und zur mentalen Kurzentspannung – finden Sie in den entsprechenden Kapiteln des Buches (S. 110 ff., S. 113 ff. und S. 92 ff.).